자금추적수사론

신현기
류은희 共著

우공출판사

이 도서의 국립중앙도서관 출판예정도서목록(CIP)은 서지정보유통지원시스템 홈페이지(http://seoji.nl.go.kr)와 국가자료종합목록 구축시스템(http://kolis-net.nl.go.kr)에서 이용하실 수 있습니다. (CIP제어번호 : CIP2020017077)

목 차

제1장 금융계좌추적 ··· 7

1. 들어가며 ··· 7
2. 금융계좌추적의 이해 ··· 7
3. 일반영장과 계좌영장의 차이점 ··· 8

제2장 금융계좌추적 관련법규 ··· 9

1. 형사소송법 ··· 9
2. 금융실명거래 및 비밀보장에 관한 법률(이하 금융실명법) ··· 10
3. 인권보호수사의 준칙(법무부 훈령 제556호) ··· 15
4. 금융실명거래 업무해설집(은행연합회 발간, 2008. 10.) ··· 17

제3장 금융기관 업무 개관 ··· 18

1. 개요 ··· 18
2. 주요 금융거래 자료 ··· 18
   (1) 전표 ··· 18
   (2) 전표의 편철 ··· 20
   (3) 예금계좌 개설신청서(인감지, 예금거래신청서) ··· 23
   (4) 고객정보조회표(CIF: Customer's Information File) ··· 25
   (5) 예금 입출금 명세표(=금융거래 원장, 입·출금 거래내역) ··· 26
   (6) 양도성 예금증서(CD: Certificate of Deposit) ··· 26
   (7) 현금인수도부(=현금인수도내역, 시재인수도부) ··· 26
   (8) 자기앞수표 지급내역 조회표 ··· 27
   (9) 입·출금내역 자동통지 서비스 ··· 27
   (10) 텔러별 거래내역 ··· 28
   (11) 가상계좌 ··· 29

제4장 금융기관 업무처리 개요 ··· 32

1. 우정사업본부(우체국) ··· 33
2. 외환은행 ··· 34

3. 수협은행 ··· 35
   4. 신한은행 ··· 37
   5. HSBC은행 ··· 38
   6. 대구은행 ··· 39
   7. 한국산업은행 ·· 40
   8. 한국수출입은행 ··· 41
   9. 부산은행 ··· 42
  10. 스탠다드차터트은행 ··· 43
  11. 국민은행 ·· 44
  12. 하나은행 ·· 46
  13. 우리은행 ·· 47
  14. 씨티은행 ·· 48
  15. 새마을 금고 ·· 49
  16. 신용협동조합 ··· 51
  17. 경남은행 ·· 52
  18. 전북은행 ·· 53
  19. 광주은행 ·· 54
  20. 제주은행 ·· 55
  21. 기업은행 ·· 56
  22. NH농협은행(과거 농협중앙회), 지역 농·축협(과거 단위조합, 현재 농협중앙회) ············ 57

제5장 금융계좌추적용 압수영장 작성방법 ················ 59

  1. 개관 ··· 59
   (1) 필요 최소한도의 범위 내에서 압수할 물건 기재 ························ 59
   (2) 계좌번호·주민번호 등 오탈자 확인 ·· 60
   (3) 작성요령 ··· 60
   (4) 추적대상 금융기관 ·· 62
  2. 영장 작성 례 ··· 66
   (1) 기본유형 [피의자 인적사항 및 입금여부를 특정하기 위한 기본영장] ············ 66
   (2) 기본유형 [직전계좌를 통한 다수의 피해자 특정을 위한영장] ········ 67
   (3) 고급유형 [직전, 직후 연결계좌와 자금(수표) 추적까지 원하는 경우] ········· 68

□ 영장 작성시 주의할 점 ·· 73
   1. 압수할 물건 기재시 주의할 점 ·· 73
   2. 영장 유효기간 작성시 주의할 점 ·· 74
   3. 1차 영장 집행 시 주의할 점 ·· 74

□ 1차 영장 집행 후 그 자료를 근거로 2차 영장을 집행하는 방법 ············· 75
   1. 입출금 거래내역 분석 방법 ·· 75
   2. 영장 재 집행(2차) 방법 ··· 77

□ 1, 2차 영장 집행 후 3차로 영장을 집행하는 방법 ································ 79
   1. 회신 받은 현금출금 전표 확인 방법 ··· 79
   2. 자기앞 수표 지급내역 확인 방법 ··· 80
   3. 대체 전표 확인 방법 ·· 80
   4. 영장 집행(3차) 방법 ·· 80

3. 집행요령 ·· 97
4. 집행순서 ·· 98
5. 계좌영장 팩스송신에 의한 집행 ·· 98
6. 통보유예 요구 ·· 98

제6장 자기앞수표의 추적 ·· 99

1. 자기앞 수표 ··· 99
2. 자기앞수표란? ··· 99
3. 자기앞수표의 종류 ·· 100
4. 실무에서 사용되는 자기앞수표 발행 종류 ·· 100
5. 자기앞수표 추적시 압수할 물건 ··· 100
6. 자기앞수표 지급내역 조회 ·· 100
7. 자기앞수표 번호의 체계 ·· 109
8. 자기앞수표 발행내역 확인시 유의점 ·· 109

제7장 계좌영장 분석요령 ·· 113

1. 계좌추적의 범위 선정 ··· 113
2. 거래상대방 조사 ·· 113

제1장　금융계좌추적

1. 들어가며

　금융거래내역을 기초로 용의자의 특정.검거 및 혐의사실의 구체화, 그리고 증거자료 수집을 위해 실시하는 금융계좌추적 수사는 지능범죄 수사뿐만 아니라 최근에는 강력사건 수사에 있어서도 그 활용도가 매우 높아지고 있다. 더욱이 경찰의 금융계좌추적 수사기법은 계좌주인의 인적사항을 확인하는데 그치지 아니하고 연결계좌의 추적, 혐의 거래의 특정, 금융기관 직원의 조력 하에 발생하는 자금세탁의 발견 등 그 활용범위가 매우 전문적으로 진화하고 있는 실정이다.

　그러나 여전히 수사초보자들에게는 계좌영장의 작성조차 매우 부담스럽고 집행요령을 정확하게 알지 못하기 때문에 오히려 거꾸로 금융기관에 문의를 하거나 우격다짐으로 자료를 요구하는 등의 문제점이 적지 않은 것도 사실이다.

　이에 수사초보자들이 쉽게 이해할 수 있고 실무에서 직접 활용할 수 있도록 계좌영장의 작성례부터 분석방법까지 일목요연하게 정리된 매뉴얼이 필요하다는 사회 각계의 사람들로부터 요구가 많아 모두가 알기 쉽게 매뉴얼을 만들어 이를 「자금추적수사론」이라는 이름의 저서를 출판하게 되었다.

　이번 저서에서 소개되는 매뉴얼은 경찰수사상에서 자금추적시 자주 접하는 핵심내용을 위주로 알기 쉽게 정리하는데 초점을 두었다. 본 저서에서 다루고자 하는 내용은 최대한 많이 다루되 가장 기본적으로 꼭 필요한 내용만을 선별하여 본 저서에 담아냈다. 사실 자금추적수사론에서 다루게 될 내용들은 전문가들에게도 이해하기 어려운 특수한 분야들이다. 본 저서는 대학생과 대학원생이 이 분야의 내용을 쉽게 이해할 수 있도록 기본적인 영역만 한정하여 다루었으며 향후 연구를 거듭하면서 보완작업을 지속할 것이다. 따라서 이번에는 금융기관의 조력에 의한 자금세탁, 당좌수표.증권계좌 압수, 범죄수익 몰수보전에 관한 내용은 배제하였다.[1]

2. 금융계좌추적의 이해

　형사소송법상 압수영장에 의한 물건.자료의 압수는 '강제수사'인데, 이와 같은 관점에서 '금융계좌추적용 압수영장'(이하 '계좌영장')을 집행함에 있어서 금융기관과의 시각차이로 불필요한 다툼이 일어나거나 필요한 자료를 제대로 확보하지 못하는 경우가 있다.

　계좌영장 역시 '영장'이므로 강제수사의 일종이긴 하나, 형사소송법상의 일반압수영장과 다소 다른 점을 먼저 숙지하여야 한다.

　계좌영장은 '금융실명거래 및 비밀보장에 관한 법률'(이하 '금융실명법')에 근거한 것으로 좀 더 정확히 말하

---

[1] 차후 매뉴얼 개정작업에 있어서는 일선 경찰관들의 여론을 수렴하여 전문적인 내용도 포함시킬 예정이다.

면 금융실명법에서 정한 서식을 의미한다. 그 집행방법은 형사소송법의 일반압수영장의 집행방식과 대동소이 하기는 하지만 다음과 같은 점에서 그 차이가 있다.

첫째, 통상 범죄의 혐의자 또는 혐의를 알고 있는 자로부터 강제로 물건을 압수하는 일반영장과 달리 계좌영장은 범죄와는 전혀 무관한 금융기관이 보유하고 있는 자료를 압수한다는 점이다.

둘째, 실물을 압수하는 일반영장과 달리 계좌영장은 대부분의 경우 실물보다는 전산자료 또는 사본 등 데이터를 압수한다는 점이다.

셋째, 계좌영장의 근간이 되는 금융실명법은 개인의 거래정보를 우선적으로 보호하려고 하는 것이 법률의 근본 취지이다. 이에 따라 금융기관은 계좌영장에 구체적으로 적시되지 아니한 자료인 경우에는 그 자료를 제공하는데 있어서 거부하여야 한다. 비록 그것이 적시되었다고 하더라도 정보제공에 있어서 다소 소극적인 점에서 차이가 있다.

이에 따라 금융기관은 경찰의 계좌영장 집행시 '강제수사를 당하고 있다'라기 보다는 '경찰의 자료제공 요청에 협조하고 있다'라고 인식하고 있는 것이 일반적이다. 이러한 이유 때문에 사전에 계좌영장을 강제수사라고 인식하고 있는 수사관과 경우에 따라 마찰이 발생할 수 밖에 없다는 특징을 지니고 있다.

따라서 위와 같은 마찰을 최소화하기 위해서는 경찰 스스로가 금융기관의 업무처리 시스템을 정확하게 이해하고 있어야만 한다. 특히 영장의 작성에 있어서도 최대한 정확하게 구체적으로 적시함으로써 그 영장을 통해 수사상 필요한 증거자료들을 최대한 그리고 원활하게 압수할 수 있도록 노력해야 한다.[2]

3. 일반영장과 계좌영장의 차이점

일반 압수영장이 필요한 경우를 수사에 필요한 물건.자료를 보관하고 있는 자가 임의제출을 거부하는 때라고 본다면, 일반 압수영장을 발부받고자 하는 것은 경찰의 판단에 유보된 것이라고 할 수 있다.

그 반면에 계좌영장의 경우는 수사에 필요한 물건.자료를 보관하고 있는 금융기관이 수사기관에 임의제출을 하겠다고 적극적으로 동의하더라도 금융실명법상 반드시 경찰은 계좌영장을 발부받아 압수하도록 되어 있다. 만일 이를 위반할 시 형사처벌을 받을 가능성도 있다. 그러므로 계좌추적 수사에 앞서 수사관은 금융실명법에 대해 정확하게 이해하는 것이 반드시 선결되어야 한다.

한편 다음의 표에서 보는 바와 같이 일반 압수영장과 계좌영장 간의 차이는 보관자의 의사, 영장의 필요여부, 피압수자, 압수방법, 집행방법, 압수조서와 목록, 집행횟수의 제한 면에서 근본적이 차이가 있다.

---

[2] 금융기관과의 사전 업무규약을 맺어야 할 사안에 대하여는 경찰청 지능범죄수사과에서 별도 추진 예정

<표 1-1> 일반 압수영장과 계좌영장 간의 차이

구분	일반 압수영장	계좌영장
보관자의 의사	임의제출에 의한 압수가능	반드시 영장필요
영장의 필요여부	경찰의 판단에 유보	금융기관이 보유하고 있는 거래정보 압수시에는 반드시 영장필요
피압수자	범죄혐의자 또는 관련이 있는 자	범죄혐의와 무관한 금융기관
압수방법	강제취거	금융기관에 자료요청
집행방법	피압수자에게 영장원본 제시	영장의 팩스송부 가능
압수조서의 목록	반드시 작성	작성 불필요(다만, 압수한 자료는 반드시 수사기록에 편철)
집행횟수의 제한	1회 집행시 영장효력 상실	복수의 금융기관에 수회 집행가능

제2장 금융계좌추적 관련법규

계좌영장이 필요한 경우를 실무적으로 간단하게 정리하면 다음과 같다. 일반적으로 계좌영장이 필요한 경우라 함은 「금융기관」이 보유하고 있는 「거래정보」 등을 압수하고자 할 경우이다. 계좌영장의 경우도 역시 '압수영장'의 일종이므로 형사소송법을 따르게 된다. '금융기관' 및 '거래정보 등'에 대한 개념 설명은 금융실명법에서 자세하게 규정하고 있다.

1. 형사소송법

계좌영장이라고 해서 압수영장과 크게 차이가 있는 것은 전혀 아니다. 말하자면 계좌영장도 역시 '압수영장'의 일종이라고 이해하면 된다. 영장의 발부절차 및 집행방식 등은 형사소송법에 따라 이루어지고 있다. 다만, 계좌영장의 특성상 일반압수영장과는 달리 압수조서에 해당되기 때문에 압수목록 등을 작성할 필요가 없다. 그리고 위에서 언급한 바와 같이 집행방식에 있어서도 다소 상이한 점이 있다.

> **제215조(압수, 수색, 검증)**
> ① 검사는 범죄수사에 필요한 때에는 피의자가 죄를 범하였다고 의심할 만한 정황이 있고 해당 사건과 관계가 있다고 인정할 수 있는 것에 한정하여 지방법원판사에게 청구하여 발부받은 영장에 의하여 압수, 수색 또는 검증을 할 수 있다.
> ② 사법경찰관이 범죄수사에 필요한 때에는 피의자가 죄를 범하였다고 의심할 만한 정황이 있고 해당 사건과 관계가 있다고 인정할 수 있는 것에 한정하여 검사에게 신청하여 검사의 청구로 지방법원판사가 발부한 영장에 의하여 압수, 수색 또는 검증을 할 수 있다.

2. 금융실명거래 및 비밀보장에 관한 법률 (이하 금융실명법)

일반적으로 금융실명거래 및 비밀보장에 관한 법률은 금융실명법이라고도 불린다(이하 금융실명법). 본 법의 제4조는 금융거래의 비밀보장을 명시하고 있다. 본 법에 따라서 금융기관에 근무하는 자는 위탁자나 수익자의 금융거래에 관해 철저하게 비밀을 보장해 주어야 한다. 특히 타인에게 제공하거나 누설하여서는 아니 되며, 누구든지 금융회사 등에 종사하는 자에게 거래정보 등의 제공을 요구하여서는 아니 된다. 규정을 위반한 자는 5년 이하의 징역 또는 3천만원 이하의 벌금에 처하도록 규정되어 있다. 그리고 영장 또는 명의인의 동의 없이 금융기관에 거래정보 등을 요구만하여도 처벌받을 수 있음을 유의하여야 한다.

> **제4조(금융거래의 비밀보장)**
> ① 금융회사 등에 종사하는 자는 명의인(신탁의 경우에는 위탁자 또는 수익자를 말한다)의 서면상의 요구나 동의를 받지 아니하고는 그 금융거래의 내용에 대한 정보 또는 자료(이하 "거래정보등"이라 한다)를 타인에게 제공하거나 누설하여서는 아니 되며, 누구든지 금융회사등에 종사하는 자에게 거래정보등의 제공을 요구하여서는 아니 된다. 다만, 다음 각 호의 어느 하나에 해당하는 경우로서 그 사용 목적에 필요한 최소한의 범위에서 거래정보등을 제공하거나 그 제공을 요구하는 경우에는 그러하지 아니하다.
>   1. 법원의 제출명령 또는 법관이 발부한 영장에 따른 거래정보등의 제공
>
> **제6조 (벌칙)**
> ① 제4조 제1항 또는 제3항부터 제5항까지의 규정을 위반한 자는 5년 이하의 징역 또는 3천만원 이하의 벌금에 처한다.
>   ☞ 영장 또는 명의인의 동의 없이 금융기관에 거래정보 등을 요구만하여도 처벌받을 수 있음을 유의

1) 금융기관의 개념 (금융실명법 제2조, 시행령 제2조)

일반적으로 금융기관이라 함은 국민은행, 우리은행, 신한은행 등과 같이 시중 주요은행이 포함되는 것 이외에도, 우체국, 새마을금고, 농협·수협·신협 등도 포함된다. 이 뿐만 아니라 신용카드회사, 보험회사 등도 역시 우리나라에서 금융기관에 해당한다.

다만, 대부업법에 따른 대부업체(예, 산와머니, 러시앤캐쉬) 등은 금융실명법상 금융기관에 해당하지 아니한

제2장 - 금융계좌추적 관련법규

다. 각 은행 관련법에 따른 은행들을 살펴보면 다음과 같이 정리가 가능하다.

① 「은행법」에 따른 은행
② 「중소기업은행법」에 따른 중소기업은행
③ 「한국산업은행법」에 따른 한국산업은행
④ 「한국수출입은행법」에 따른 한국수출입은행
⑤ 「한국은행법」에 따른 한국은행
⑥ 「자본시장과 금융투자업에 관한 법률」에 따른 투자매매업자·투자중개업자·집합투자업자·신탁업자·증권금융회사·종합금융회사 및 명의개서대행회사
⑦ 「상호저축은행법」에 따른 상호저축은행 및 상호저축은행중앙회
⑧ 「농업협동조합법」에 따른 조합과 그 중앙회 및 농협은행
⑨ 「수산업협동조합법」에 따른 조합 및 중앙회
⑩ 「신용협동조합법」에 따른 신용협동조합 및 신용협동조합중앙회
⑪ 「새마을금고법」에 따른 금고 및 중앙회
⑫ 「보험업법」에 따른 보험회사[3]
⑬ 「우체국예금·보험에 관한 법률」에 따른 체신관서
⑭ 「국채법」 및 「공사채등록법」에 의한 채권등록기관
⑮ 「여신전문금융업법」에 의한 여신전문금융회사 및 신기술사업투자조합[4]
⑯ 「기술신용보증기금법」에 의한 기술신용보증기금
⑰ 「한국정책금융공사법」에 따른 한국정책금융공사
⑱ 「중소기업 창업지원법」에 의한 중소기업창업투자회사 및 중소기업창업투자조합
⑲ 「신용보증기금법」에 의한 신용보증기금
⑳ 「산림조합법」에 의한 지역조합·전문조합과 그 중앙회
㉑ 「지역신용보증재단법」에 의한 신용보증재단
㉒ 「자본시장과 금융투자업에 관한 법률」에 따른 한국거래소
㉓ 「한국주택금융공사법」에 의한 한국주택금융공사 등이다.

위에서 보는 바와 같이 금융기관들이 설치 운영되고 있으며 그 은행기관의 숫자도 무려 23개에 이르고 있다.

☞ **여기서 잠깐!!!**

실무상 신용카드업자에게 '거래정보 등'을 요구할 때에는 일반압수수색영장이 아닌 금융계좌추적용 압수수

---

[3] 보험회사(=보험사업자)는 금융실명법상 금융기관에 해당하고 사람의 생사에 관하여 약정한 급여의 제공을 약속하거나 우연한 사고로 인하여 발생하는 손해의 보상을 약정하고 금전을 수수하는 것 등을 업으로 행사하는 사업자(생명보험업·손해보험업·제3보험업)를 의미하는데, 보험업법 제175조에 규정되어있는 보험협회는 보험사업자에 해당하지 아니하므로 보험협회는 금융실명법상의 금융기관에 해당하지 아니한다.
[4] 제2조 2호의 여신전문금융업이라 함은 신용카드업, 시설대여업, 할부금융업 또는 신기술사업금융업을 말한다.

색영장을 발부받아 집행해야 한다. 우측은 신용카드업자에게 일반영장을 통하여 '거래정보(신용카드 개설인 인적사항)'를 제공받기 위해 일반압수수색영장을 신청하였다가 판사 기각된 실례를 보여 주는 사례이다.

한편, 최근 법원에서는 카드사용내역은 카드소지자가 직접 가맹점에 대금을 지불하는 것이 아니라 신용카드회사가 가맹점에 카드사용대금을 지불하고, 추후 신용카드회사가 카드소지자에게 결제대금을 청구하는 방식의 외상거래로써, 이는 금융실명법상의 '금융거래'에 해당하지 아니하기 때문에 카드사용 내역의 확인을 위한 경우, 계좌영장이 아닌 일반 압수영장에 의하여야 한다는 해석을 내놓았다. 그러나 아직까지 해당내용이 공식화되지는 아니하였고, 각 지방법원 별로 영장요구 요건이 상이하기도 하므로 별도의 지침이 수립되기 전까지는 신용카드업자에게 자료를 요구할 경우 계좌영장에 의하도록 여전히 동일하다.

<그림 2-1> 금융계좌추적용 압수수색영장의 사례

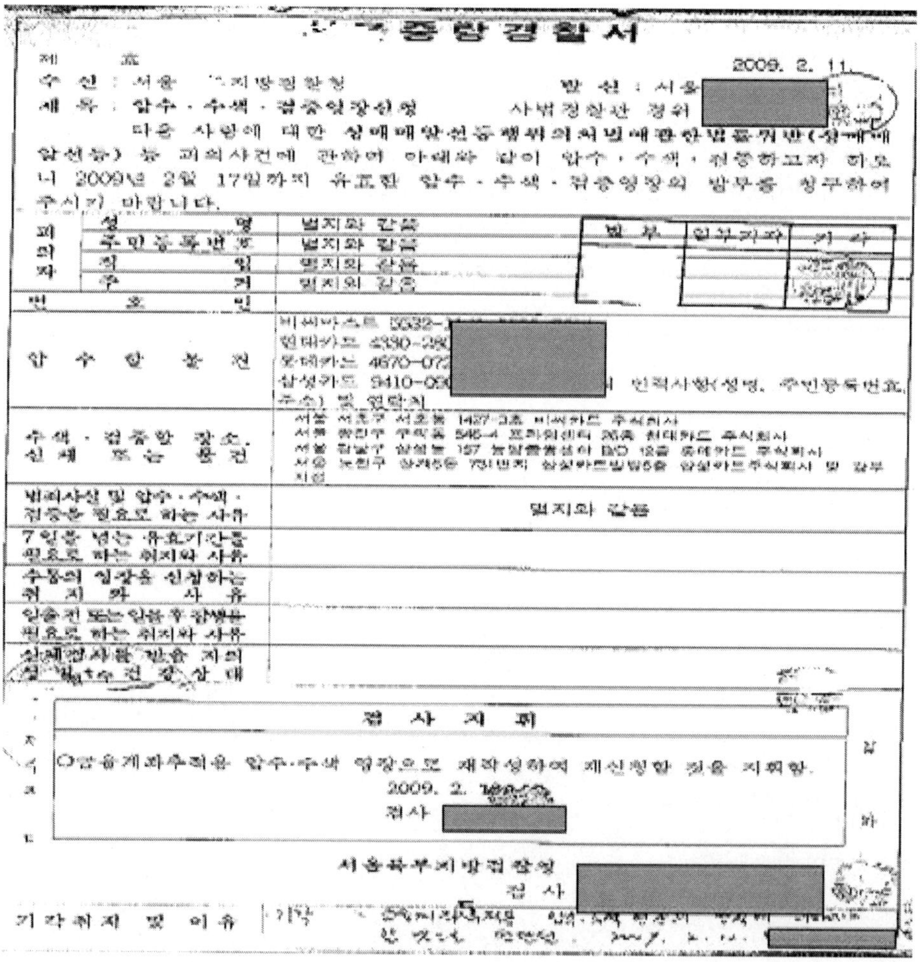

제2장 - 금융계좌추적 관련법규   - 13 -

한편 아래의 그림은 일반 압수수색영장의 신청 상황을 보여 주는 좋은 사례표이다.

<그림 2-2> 일반 압수수색영장 신청 사례

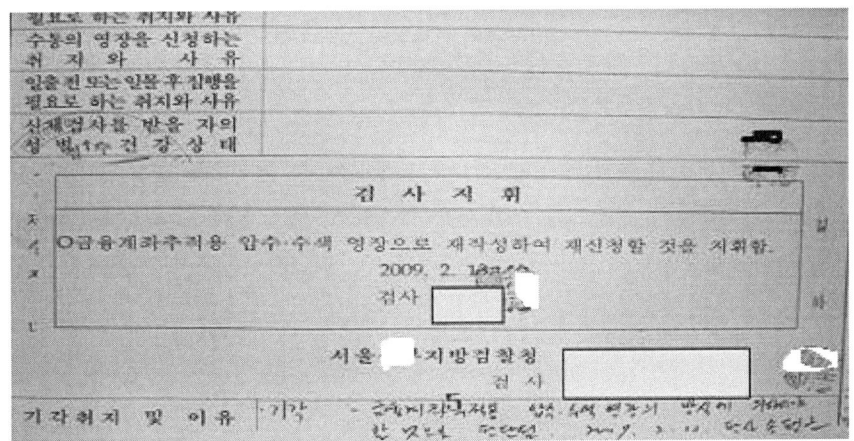

※ 판사의 기각 사유

2) 거래정보 등의 개념(금융실명법 제6조)

경찰에서 자금추적 수사상 계좌영장에 의해 압수해야 할 물건은 금융기관이 보유하고 있으면서 비밀보장을 인정받고 있는 '거래정보 등' 각종 관련 자료들이다. 거래정보를 간략히 표현하자면 "금융자산과 관련된 자료"로서 범죄의 예방 및 보안목적을 위해 금융기관 내에 설치된 CCTV 같은 기기 물건은 이에 포함되지 아니한다. 예를 들어 일선에서는 점포 내에 설치된 CCTV, 현금인출기의 영상촬영자료 등을 계좌영장에 함께 기재하는 경우도 있다. 그러나 원칙적으로 CCTV 등과 같은 영상자료는 거래정보에 해당하지 아니하므로, 이는 계좌영장을 활용하여 압수할 물건의 성질은 아니다.

제6조(거래정보등의 범위)

법 제4조제1항 및 이 영 제5조에서 "금융거래의 내용에 대한 정보 또는 자료"라 함은 특정인의 금융거래사실과 금융기관이 보유하고 있는 금융거래에 관한 기록의 원본·사본 및 그 기록으로부터 알게 된 것(이하 "거래정보 등"이라 한다)을 말한다. 다만, 금융거래사실을 포함한 금융거래의 내용이 누구의 것인지를 알 수 없는 것(당해 거래정보등 만으로 그 거래자를 알 수 없더라도 다른 거래정보등과 용이하게 결합하여 그 거래자를 알 수 있는 것을 제외한다)을 제외한다.

※ **비밀보장이 되는 거래정보란?**

 - 금융거래 사실(예를 들어 누가 어느 금융기관, 어느 점포와 금융거래를 하고 있다는 사실)
 - 금융기관이 명의인의 금융거래 사실 또는 금융거래 내용을 기록·관리하고 있는 모든 전표·전산기록 등의 원본 및 사본(자료)
 - 금융기관이 보관하고 있는 기록으로부터 알게 된 것(정보 등)
 - 당해 정보만으로 명의인의 정보 등을 직접 알 수는 없으나 다른 정보와 용이하게 결합하여 식별할 수 있는 것은 비밀보장 대상이 됨

☞ **여기서 잠깐**

　금융기관으로부터 대출을 받은 내역은 「금융실명거래 및 비밀보장에 관한 법률」 제2조에서 규정하고 있는 금융자산에 포함되어 있지 않으므로 대출거래는 동 법률 제4조에서 규정하고 있는 금융거래에 포함되지 않기는 하나, 수사목적상 수사대상자의 대출거래 여부를 알고자 하는 경우 금융기관이 이를 임의로 제출하는 경우는 거의 없다.

　이뿐만 아니라 '대출거래'가 거래정보에 포함되지 않기 때문에 계좌영장으로 '특정인 명의로 개설된 계좌거래내역 일체'를 압수할 경우 특정인에 대한 '대출거래' 내역은 원칙적으로 금융기관에서 회신해 주지 않는다.

　이에 따라 특정인의 '대출거래' 내역만을 알고 싶을 때에는 원칙적으로 대출거래는 금융실명법상의 거래정보가 아니므로 일반영장에 의하고, 특정인 명의로 개설된 계좌 전체를 압수할 때 '대출내역'도 필요한 경우 '특정인 명의로 개설된 계좌거래내역 일체(대출거래 내역 포함)' 라고 병기해 주는 것이 중요하다.

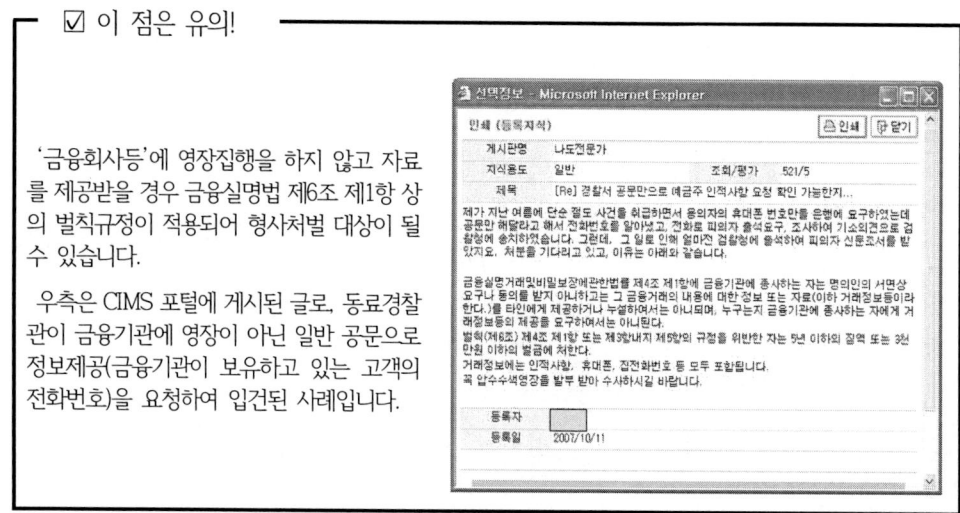

　한편 위의 내용을 바탕으로 해서 실제 하나의 질문과 이에 대한 답변에 사례를 소개하면 다음과 같다. 즉 보험금 수령목적 타살의심이 있는 변사사건을 처리할 때, 일선 폭력팀에서는 보험협회에 보험가입내역을 '공문'에 의해 요청받는 경우가 있는데, 그렇다면 위의 동료사례와 같이 처벌받을 수 있는 건가요? 라는 질문의 경우이다.

> 질문있습니다!
>
> Q : 보험금 수령목적 타살의심이 있는 변사사건을 처리할 때, 일선 폭력팀에서는 보험협회에 보험가입내역을 '공문'에 의해 요청받는 경우가 있는데, 그렇다면 위의 동료사례와 같이 처벌받을 수 있는 건가요?
> A : 생명보험협회 및 손해보험협회는 '금융기관'에 해당하지 아니하므로(5쪽 참조) 수사대상자에 대한 보험가입내역 자료 등을 협회에서 임의제출 하겠다고 동의한 경우라면 영장이 아닌 공문에 의하여도 가능합니다. 즉, 외견상 금융거래내용이라고 하더라도 그 정보의 보유자가 '금융기관'이 아니라면 이는 금융실명법에서 보호하고자 하는 금융거래정보가 아니기 때문에 정보보유자가 임의제출 하겠다고 한다면 영장없이 제공받을 수 있다는 뜻입니다. 물론, 정보보유자가 임의제출을 거부한다면 그때는 '일반 압수영장'에 의해 압수할 수 밖에 없겠지요.

3. 인권보호수사의 준칙 (법무부 훈령 제556호)

법무부의 훈령인 인권보호수사준칙은 검찰에서 계좌영장을 청구하는 때에 그 기준이 되는 것으로서, 특히 연결계좌의 추적에 있어 1건의 계좌영장으로는 '직전·직후'로 연결된 계좌만 추적이 가능하도록 규정하고 있다.

한편 법무부 훈령 제30조에서는 금융거래자료 추적에 관해 명시하고 있는데 그 내용은 다음과 같다. 그리고 특히 본 조문과 관련된 질문 사례를 하나 예로들어 보면 "직전·직후로 연결된 계좌가 무슨 뜻인가요?" 라는 질문인데 이에 관한 답변도 아래에 잘 나타나 있다.

제30조(금융거래자료 추적) 금융거래자료를 추적하는 경우에는 다음 각 호의 사항에 유의하여야 한다.

1. 범죄혐의 유무를 확인하기 위하여 필요한 경우에 한한다.
2. 대상자와 유효기간은 혐의 유무의 입증에 필요한 최소한으로 한다.
3. 해당 계좌와 그 직전 직후로 연결된 계좌에 대하여만 압수·수색영장을 청구한다.

> **질문있습니다!**
>
> Q : 직전·직후로 연결된 계좌가 무슨 뜻인가요?
> A : 1건의 계좌영장에 의해 자금추적을 하는 경우, 추적대상계좌와 직전.직후로 연결된 계좌에 한합니다. 여기서 직전.직후로 연결되었다고 함은 추적대상계좌의 '입금'자원과 관련 있는 계좌나 거래상대방을 직전으로 연결되었다고 하고, 추적대상계좌의 '출금'자원과 관련 있는 계좌나 거래상대방을 직후로 연결되었다고 합니다.
>
> ❖ ○○은행 거래 예시

	A	B	C	D	E	F	G	H	I	J
1	거래일	거래시간	거래구분	출금금액	입금금액	잔액	적요	취급점	의뢰인	상대우체번호
2	20070102	153200	인터넷	0	170000	340700	권순옥	대우자동차 (2550)	권 옥	202211209557
3	20070103	140647	인터넷	340000	0	700	자근비	신일산 (6345)	지 허	83450131096425
4	20070117	072740	ATM이체	0	134000	134700	고관은	우엄역 (2932)	고 민	29320204126919
5	20070130	149551	전자급음	0	77000	211700	이준석	우리은행 (9000)	이 석	19120452502101
6	20070203	142321	ATM출금	60500	0	151100		신일산 (6345)		
7	20070203	142513	ATM입금	0	5000	156100		신일산 (6345)		
8	20070205	165609	전자급음	0	154000	310100	김선훈하나루	중소기업 (0517)	김_원추나루	05105419802014
9	20070205	211651	ATM출금	130500	0	179600	71218626-001	신일산 (6345)	7121^Q6-001	
10	20070205	023122	인터넷	154500	0	24900	중협급유의	신일산 (6345)	김 김유의	11712483526
11	20070212	172756	전자급음	0	240000	264900	이준석	우리은행 (9000)	이 석	19120452502101
12	20070215	173952	인터넷	240600	0	24300	신한국민생활체육협의회	신일산 (6345)	신 3 생활체 육협의회	39501023069

직전으로 연결된 계좌
직후로 연결된 계좌

실제 영장발부에 있어서 법원에서는 직전·직후로 연결된 계좌의 거래내역까지 압수할 수 있도록 발부해 주는 경우는 '보이스피싱'과 같이 일명 대포통장[5])이 명확하고 피해자를 확보함과 동시에 직후로 연결된 계좌를 신속히 파악하여 피해자금의 유출을 막기 위해 필요한 경우 등으로 제한하고 있다. 통상적으로 직전·직후로 연결된 계좌의 CIF[6]) 정도만 확인 할 수 있도록 발부해 주고 있다. 이에 따라 연결계좌의 거래내역까지 확인하기 위해서는 범죄혐의와 관련된 계좌를 특정한 이후 재차 영장을 신청하여야 할 것이다.

다만, 압수를 필요로 하는 사유를 충분히 소명할 경우, 법원에서도 직전.직후로 연결된 계좌의 거래내역까지 확인할 수 있도록 계좌영장을 발부해주기도 하는데, 다음은 수사의 '필요성'과 '합목적성'을 강조하여 연결계좌의 거래내역까지 압수할 수 있는 계좌영장을 발부받은 사례이다.

---

[5]) 대포통장이란 다음과 같은 내용을 의미한다. 즉 명의자와 실제 사용자가 다른 통장으로 '차명계좌'라고도 한다. 다른 사람 명의의 통장을 대여하거나 넘겨받아 사용한다. 실제 사용자를 확인하기 어려워 보이스 피싱이나 사기범죄 등에 악용되는 사례가 많다. 대포(大砲)란 허풍이나 거짓말을 뜻하는 말로 흔히 대포통장이나 대포폰, 대포차처럼 등록된 명의자와 실제 사용자가 다른 물품에 붙여 표현한다. 대포통장의 사용과 거래는 현행법상 불법이다. 사기범죄에 사용될 것을 알면서 대포통장을 양도했다면 형법에 따라 사기 방조죄나 사기죄로 처벌될 수 있다. 범죄를 위해 다른 사람을 속여 대포통장을 만들게 하는 경우도 마찬가지다(출처: https://100.daum.net/encyclopedia/view/47XXXXXd1269).

[6]) CIF란 은행이 지득한 고객에 관한 개인정보를 의미, 자세한 내용은 '금융기관업무개관' 중 '고객정보조회표' 참조하기 바람.

> 작성예시
>
> ○ 압수를 필요로 하는 사유
>
> 제보자가 피내사자 ○○○와 친인척 관계에 있으며, 8년 동안 □□社 간부로 재직하면서 피내사자 ○○○의 로비 내역을 메모하였다는 진술, 그 메모내용 중 로비를 위해 ☆☆공사 직원 A 등과 □□社 간부 B가 김포→제주, 3일 후 제주 → 김포행 비행기를 함께 탑승 사실이 확인된 점, □□社의 비자금 계좌로 홍길동 신한은행 계좌(1001-801-951651)를 정확히 지목한 점 등으로 보아 제보내용의 신빙성은 충분하다고 할 것이다.
>
> 이에, □□社의 비자금 조성용 통장으로만 사용된 것으로 판단되는 홍길동 명의 우리은행 계좌(1001-801-951651) 내역에 대한 확인이 필요로 하므로, 위 계좌의 거래내역 및 입출금 자원과 직전·직후로 연결된 계좌내역(단, 거래기간은 입·출금 시점 전후 1개월에 한함)을 압수수색하여 관련 자료를 압수하고자 한다.
>
> ※ 위 추적대상 계좌는 비자금 조성용으로만 사용된 것으로 보이는 만큼 직전·직후로 연결된 계좌의 거래내역까지 함께 압수하더라도 수사의 필요성에 위배된다고 보이지 아니하며, 오히려 대상계좌 거래내역을 압수후 재차 연결계좌에 대해 계좌영장을 신청하는 수순의 수사방식으로는 수사에 불필요한 기일만 소요되어 수사의 합목적성을 달성하기 어렵다고 판단된다.

4. 금융실명거래 업무해설집 (은행연합회 발간, 2008. 10.)

금융실명거래 업무해설집은 은행연합회에서 각 금융기관에 금융실명제의 운용방법, 경찰 등 수사기관에의 금융거래제공 가능 범위 등을 규정해서 설명해준 것을 말한다. 특히 각 금융기관에서는 경찰에서의 자료제공 요청이 있을 경우, 위 해설집을 토대로 제공가능 범위를 판단하고 있다.

이에 따라 금융기관과 계좌영장 집행에 있어서 다툼이 있을 때에는 위 해설집을 참조하면 해결되는 경우가 많은 만큼 본 매뉴얼에서는 주요 내용의 페이지를 명기하여 기재하였다. 또한 금융실명거래의 업무해설집 원본은 '지식관리시스템'에서 쉽게 확인할 수 있다. 그리고 이는 은행연합회 홈페이지에서도 어렵지 않게 찾아 볼 수 있다.

제3장 금융기관 업무 개관

자금추적을 위해서는 금융기관의 업무처리시스템을 정확하게 이해하고 더 나아가서 어떠한 정보 및 자료를 보유하고 있는지 까지도 역시 정확하게 숙지하는 것이 매우 중요하다.

1. 개요

(1) 창구거래

금융기관의 지점·점포를 내방하여 직접 창구거래를 하는 경우는 예외적인 경우를 제외하고 원칙적으로 각 거래별로 '전표'가 작성된다. 하지만 물론 예외사항도 존재한다. 즉 명의인의 통장을 소지하고 현금을 입금하는 경우와 공과금 납입 등은 그 좋은 예가 된다. 이에 따라 자금추적 수사는 인터넷 뱅킹, ATM기기를 통한 거래 등을 제외한 창구이용 거래에 대한 '전표'를 압수하는 것이라고 해도 과언이 아니다.

(2) 텔러·모출납

일반적으로 금융기관의 지점이나 점포에서 고객을 응대하는 금융기관의 직원들을 '텔러'라고 부른다. 이들 텔러 별로 고유번호가 지정되며 해당 텔러가 처리한 전표에는 그 텔러의 고유번호가 인자된다.

또한, 텔러 중에서도 현금의 입출을 총괄하는 텔러가 있는데, 이를 '모출납'이라고 부른다. 예컨대 1번 텔러의 현금 보유액이 300만원 밖에 되지 않는데, 만일 고객이 5,000만원의 현금지급을 요청한다면 1번 텔러는 모출납을 경유하여 점포 내 금고에서 현금 5,000만원을 인출 받은 다음, 이를 고객에게 지급하게 된다. 이 경우에 텔러와 모출납간 또는 텔러와 텔러간 현금이 인수·인계된 내역이 '현금인수도부' 이다.

2. 주요 금융거래 자료

(1) 전표

금융기관 업무는 거래량이 방대하고 복잡하므로 금융자산의 변동이 있는 모든 거래를 원칙적으로 전표에 의해서 처리토록 하고 있다. 여기서 전표는 금융거래 사실을 기재한 지편으로서 거래성립 및 취소 등에 관한 기록과 그 입증, 거래전달, 분개, 회계상 책임의 명확화 및 회계처리의 검증수단 등의 기능을 가지고 있어서 금융거래 조사의 주된 대상이 된다. 그리고 이는 기본전표와 대용전표로 구분된다.

가. 기본전표

기본전표는 입금전표, 출금전표 및 대체전표로 각각 나누어진다.

제3장 - 금융기관 업무 개관

1) 입금전표 및 출금전표

입금전표 및 출금전표는 현금(금융기관에서 현금으로 간주되는 현물 포함)의 입출을 전제로 하여 처리하는 전표를 말한다.

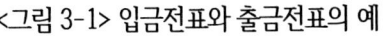
<그림 3-1> 입금전표와 출금전표의 예

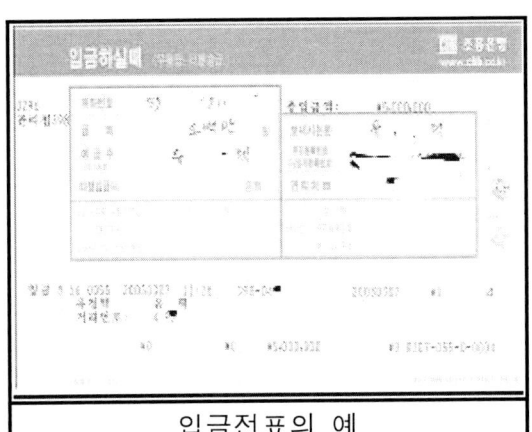
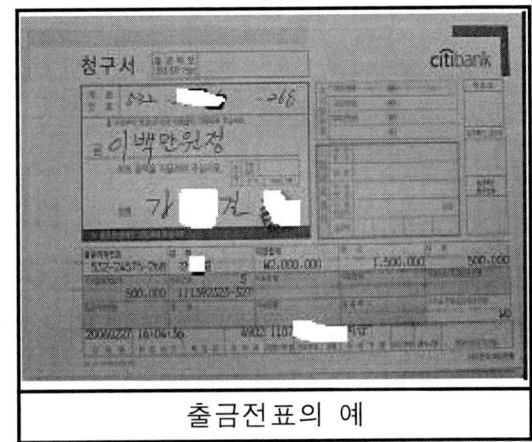

입금전표의 예 / 출금전표의 예

☞ **여기서 잠깐!!!**

자금추적수사에 있어서 반드시 '전표'를 확인 해야 하는 중요한 이유 중 하나는 위에서 보여주는 출금전표의 시티은행 532-12345-123 관련 계좌의 거래내역(통장)에는 2006. 2. 27. 16:04경 현금 200만원이 출금된 내용만 확인된다. 그러나 그 출금전표를 확인하면 현금 150만원과 10만원권 수표 5장이 출금된 것까지 확인할 수 있기 때문이다.

2) 대체전표

대체전표란 현금의 입금 또는 출금 없이 계정과목이나 계좌 상호 간의 이체 등 내부에서 장부상의 이동 기재만으로 금융자산의 입금과 출금이 있었던 것으로 처리하는 전표를 말한다. 대체전표는 입금전표이든 출금전표이든 실제 '현금'이 입금과 출금된 내용이 없는 경우를 말하는 것을 의미하며 여기에는 별도의 전표서식이 있는 것은 아니다.

나. 대용전표

대용전표란 계속적이며 반복적으로 발생하는 모든 거래를 매 건수 마다 전표를 기표하는 것은 비효율적이므로 거래증빙서 자체를 전표로 사용하는 데, 이것을 바로 대용전표라고 한다. 이것은 입금 관련 대용전표와 출금 관련 대용전표로 구분된다.

1) 입금 대용전표

입금 관련 대용전표는 무통장입금의뢰서, 송금의뢰서 및 자기앞수표발행 의뢰서 등을 말한다.

<그림 3-2> 무통장입금의뢰서와 자기앞수표 발행의뢰서

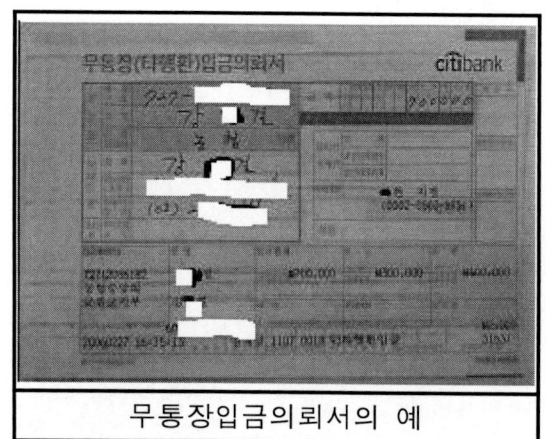
무통장입금의뢰서의 예

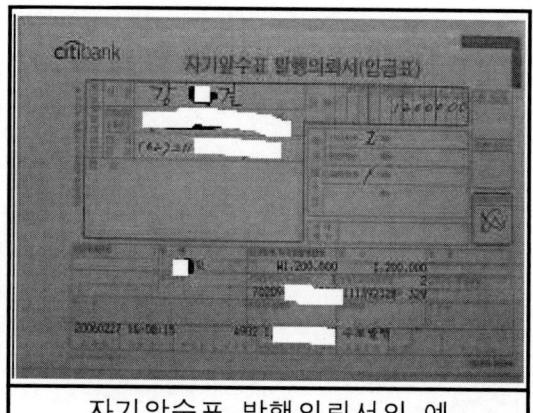
자기앞수표 발행의뢰서의 예

2) 출금 대용전표의 예

출금 관련 대용전표로는 청구서, 계산서, 영수증, 자기앞수표, 당좌수표 등과 같은 종류들이 있다.

아래의 예에서와 같이 다음의 질문을 통해서 그 답을 들어보면 다음과 같다.

질문있습니다!

Q : 그럼 전표를 압수하기 위해 계좌영장 작성시 입금전표, 출금전표, 무통장입금의뢰서, 송금의뢰서, 자기앞수표발행의뢰서 등을 모두 빠짐없이 기재해야 하는 건가요?

A : 아니오, 그렇지 않습니다. 여기서 기본전표와 대용전표를 구분하고 각 전표별 내용을 정리하는 이유는 전표의 종류가 어떠한 것이 있는지 이해를 돕기 위한 것 뿐입니다.

전표라 함은 금융기관 창구거래에 있어서 각 거래의 내용을 증명하는 자료로서, 실무적으로 계좌영장에 "입·출금자원과 관련된 입·출금 전표, 해당일의 전표철" 정도로 기재하여도 필요한 전표는 충분히 압수할 수 있습니다.

---

(2) 전표의 편철

일반적으로 전표의 편철은 계정과목 별로 대체입금전표, 입금전표, 대체출금전표, 출금전표 순으로 편철하였으나 금융실명제 실시 이후 대부분의 금융기관이 담당자의 책임소재를 명확히 하고 인력과 시간을 절감하기 위해 관련 업무를 종합 on-line화 하여 텔러(Teller)별 시간대 순으로 전표를 편철한다. 따라서 예금거래내역서에 취급 담당자가 표시되어 있는 경우에는 당해 전표 중 그 담당 취급자가 처리한 전표를 조사하면 된다.

제3장 - 금융기관 업무 개관

1) 전표철의 구성

현재 전표철의 구성은 다음과 같이 이루어져 있다. 즉 전표철 표지 → 영업점 합계표(총계정 마감표) → 텔러별 전표합계표 → 무전표 거래명세표 → 개별전표(텔러번호 順, 처리시각 順)이 바로 그것이다.

<그림 3-3> 전표철 보관모습과 전표철 보관모습

전표철 보관모습(1)

전표철 보관모습(2)

<그림 3-4> 전표철의 앞면과 옆면의 모습

전표철(앞면)

전표철(옆면)

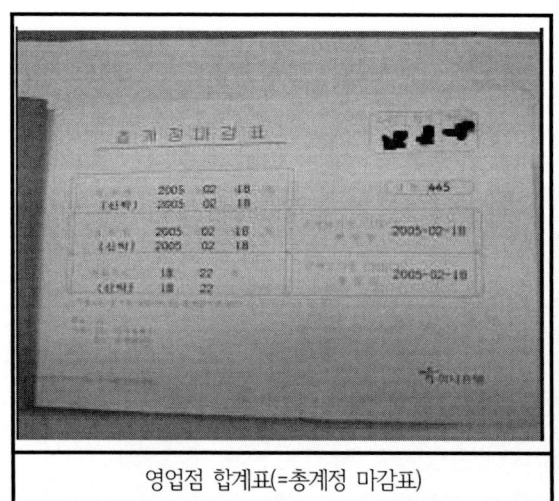
영업점 합계표(=총계정 마감표)

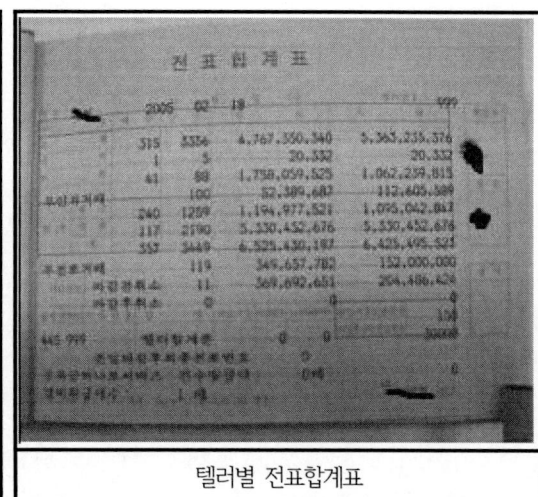
텔러별 전표합계표

※ 텔러별 전표합계표

은행의 창구직원(텔러)들은 전표상에 텔러번호로 구분이 되어 있다. 위의 그림을 살펴보면 우측 상단에 텔러번호가 999로 기재가 되어 있음을 알 수 있다. 텔러별 전표합계표란 이렇게 각 텔러별 거래일자의 전표거래금액 총액을 표시해 놓은 표를 의미한다. 특히 텔러가 처리한 전표에는 수사기록의 '기록정수'와 유사하게 처리시 각 순서대로 전표번호를 메기게 되어 있다.

2) 무전표 거래명세표

무전표 거래란 전표로 기록이 되지 않는 거래를 말한다. 그 좋은 예로는 소액의 통장입금거래(소액의 기준은 각 은행 또는 은행의 지점마다 다름)와 현금지급기를 통한 거래, 텔레뱅킹, 기타 거래별 특수한 사정에 의한 전표로서 기재를 할 수 없는 경우가 있다. 무엇보다 무전표 거래명세표는 통상 텔러별 전표철 마지막 장에 편철하고 있다.

<그림 3-5> 무전표 및 무인자 거래명세표

무전표/무인자 거래명세표

제3장 - 금융기관 업무 개관   - 23 -

아래에서는 신한은행 BPR센터의 전경을 하나의 좋은 예로서 보여주고 있다.

<그림 3-6> 신한은행 BPR센터의 전경

신한은행 BPR센터 전경

다음에서는 "경찰에서 자금추적시 직접 금융기관 본점 또는 지점을 방문하여 전표철을 수색할 필요가 있나요?" 라는 질문에 대해 그 답변을 들어 볼 수 있는 사례를 잘 보여주고 있다.

질문있습니다!

Q : 경찰에서 자금추적시 직접 금융기관 본점 또는 지점을 방문하여 전표철을 수색할 필요가 있나요?

A : 몇몇 은행을 제외하고는 우리은행, 신한은행 등 대부분의 금융기관이 BPR센터를 운영하고 있습니다. BPR센터에서는 해당 금융기관 각 지점에서 발생된 전표, 수표 등을 모두 스캔하여 일괄 관리하는 부서로서, BPR센터를 운영하는 금융기관은 경찰의 계좌영장 집행시 모두 BPR센터에서 필요한 자료를 제공하고 있습니다. 이에 따라, BPR센터를 운영하는 금융기관에 대하여는 경찰에서 직접 전표철을 수색하기가 곤란합니다(단, BPR센터를 운영하는 은행에서도 별도의 장소에 전표를 보관하고 있으므로 필요시에는 압수수색 가능).

그러나, 여전히 BPR센터를 운영하지 않는 국민은행, 농협, 새마을금고, 수협, 신협 등에서 보관하고 있는 전표는 전표보관 해당점포에 영장을 팩스로 집행하여 금융기관 직원의 도움을 얻어 자료를 제공받을 수도 있지만, 그 자료가 매우 방대하거나 금융기관의 조력에 의한 자금세탁이 의심되는 경우 등에는 직접 해당금융기관을 내방하여 전표철을 수색할 필요가 있다고 하겠습니다.

---

(3) 예금계좌 개설신청서(인감지, 예금거래신청서)

인감지라고도 하며 예금을 신규로 개설하는 경우 고객이 주소, 성명, 비밀번호, 전화번호 등을 기재한 후 인감을 날인한 서류이다. 원칙적으로 이는 예금주 본인이 직접 자필로 기재한 후 신청하여야 하기 때문에 수사관이 조사하고자 하는 대상자의 필적을 확인 할 수 있다.

주의해야 할 점은 법인명의의 계좌를 개설하는 경우 사업자등록번호와 법인등록번호를 하나 하나 모두 기재하기는 하지만, 금융기관에서 법인을 식별하는 기준은 '사업자등록번호' 이므로, 특정 법인 명의로 개설된 모든 계좌를 압수하고자 하는 경우에는 "사업자등록번호"를 반드시 기재하여야 한다.

<그림 3-7> 계좌개설신청서 중 개인용과 법인용의 예

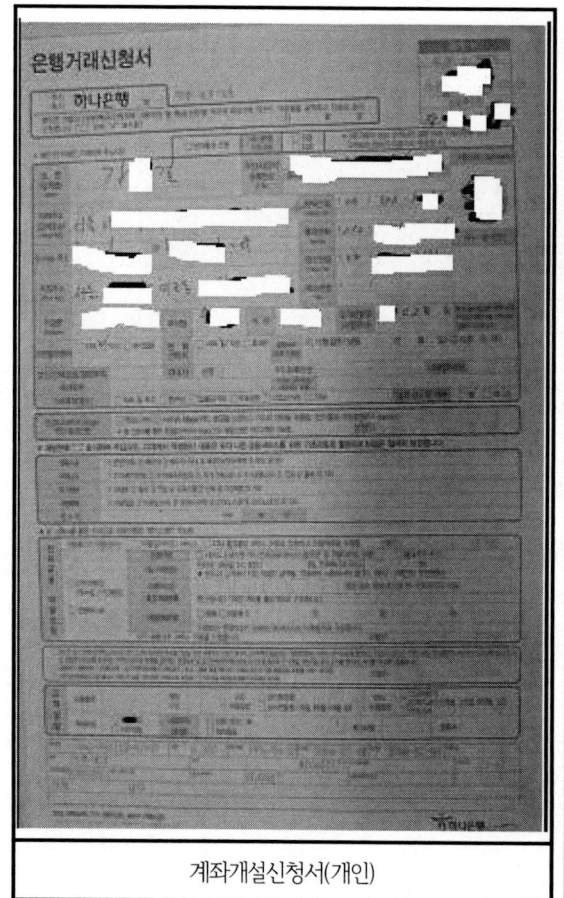
계좌개설신청서(개인)

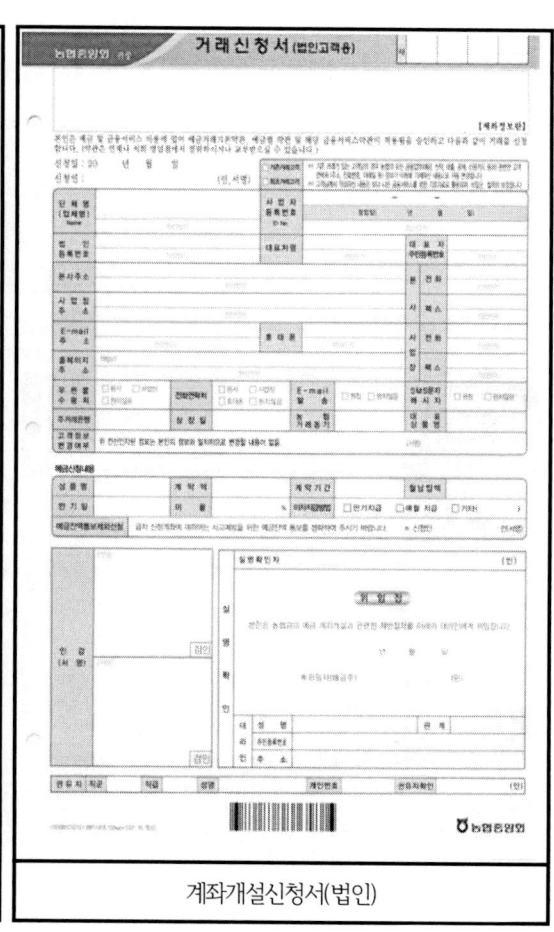
계좌개설신청서(법인)

☞ **여기서 잠깐!!!**

통상 일선에서 계좌영장 작성시 단순히 계좌 주인의 인적사항을 알고자 할 뿐인데도 예금거래신청서를 압수하겠다고 기재하는 경우가 있다. 하지만 개설인의 인적사항이 필요할 뿐인 경우에는 CIF를 압수하면 족하다. 다만, 개설신청서를 확인하여 (육안상의) 필적감정 등이 필요한 경우나 차명계좌가 의심되어 비밀번호의 동일성 여부를 확인할 필요가 있는 경우에 한해서만 예금거래신청서를 계좌영장에 기재하도록 함이 원칙이다.

또한, 지문감식과 필적감정이 필요하여 개설신청서 원본이 필요한 경우에는 원칙적으로 '일반압수영장'에 의해 압수하는 것이 타당하다. 계좌영장에 의해 압수하는 것은 금융거래정보 즉, 데이터의 개념이므로 그 실물을 압수하고자 하는 때에도 계좌영장의 효력이 미친다고 보기는 어렵기 때문이다.

(4) 고객정보조회표(CIF : Customer's Information File)

예금주의 인적사항 및 여신과 수신 거래내역 확인이 가능한 표로서 기본적으로 금융기관이 직접 작성한다. 고객정보조회표상의 자료는 과거 일정 시점의 고객에 관한 정보를 기재해 놓은 표이기 때문에 고객의 정보를 조회하는 현재 시점과는 정보가 일치할 수 없다는 점에 각별히 유의하여야 한다.

☞ 여기서 잠깐!!!

최근 각 금융기관에서는 경찰에서 CIF 요청시 위와 같이 '은행거래현황'(다른 계좌의 계좌번호점 잔액) 까지 포함된 CIF를 제공하는 것이 아니라 단순히 인적사항, 연락처 등 기본적인 사항만 제공하고 있는 것이 현실이다. 이에 따라 계좌 주인에 대한 다른 계좌거래내역까지 알고자 하는 때에는 압수할 물건 기재시 'CIF(개설된 전 계좌내역 포함)' 또는 'CIF(은행거래현황 포함)', 'CIF 및 계좌개설현황' 등과 같이 추가로 기재할 필요가 있다. 유의할 점은 추적대상계좌 외에 다른 계좌의 존재여부를 알 필요 까지 없는데도 굳이 불필요하게 '다른 계좌내역 포함'이라는 문구를 함부로 영장에 기재해서는 안된다는 것이다. 이는 수사상 수사관들이 유의해야 하는 중요한 사안 중 하나에 해당된다.

<그림 3-8> 계좌개설신청서(개인)

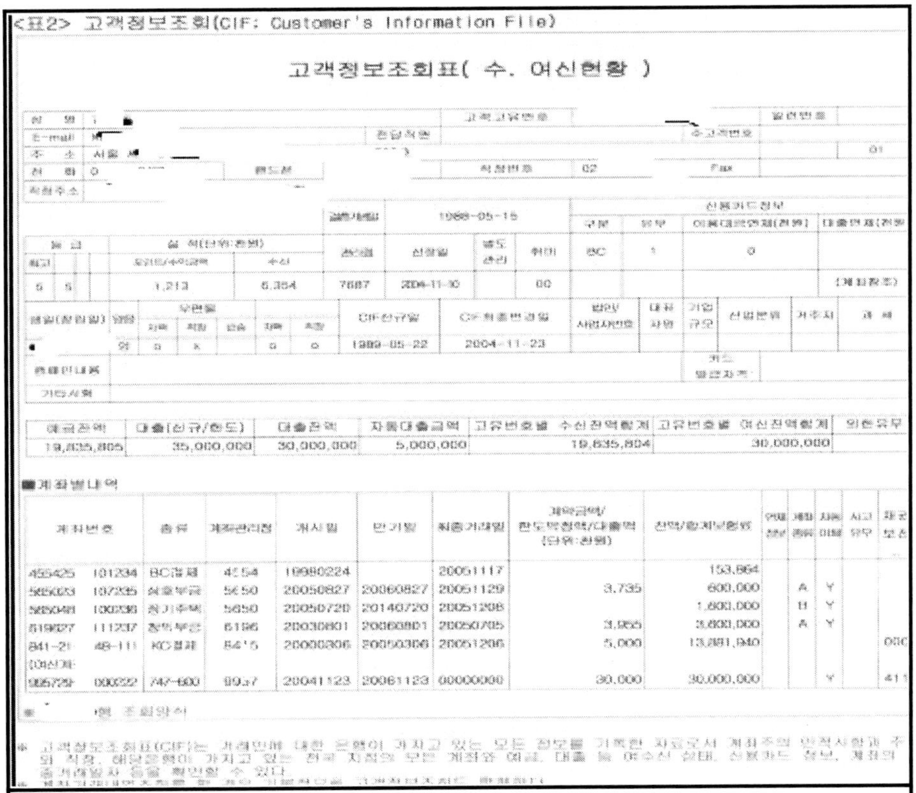

<표2> 고객정보조회(CIF: Customer's Information File)

고객정보조회표(수. 여신현황)

예금잔액	대출(신규/한도)	대출잔액	자동대출금액	고유번호별 수신잔액합계	고유번호별 여신잔액합계	외환유무
19,835,805	35,000,000	30,000,000	5,000,000	19,835,804	30,000,000	

■계좌별내역

계좌번호		종류	계좌관리점	개시일	만기일	최종거래일	계약금액/한도약정액/대출액(단위:천원)	잔액/총계보험액					
455425	101234	BC결제	4554	19980224		20051117		153,864					
585023	107235	상호부금	5650	20050827	20060827	20051129	3,735	600,000		A	Y		
585048	100238	장기주택	5650	20050720	20140720	20051208		1,600,000		B	Y		
619627	111237	정적부금	6196	20030801	20060801	20050705	3,955	3,800,000		A	Y		
841-21	48-111	KC결제	8415	20000306	20050306	20051206	5,000	13,881,940					000
(여신계)													
935729	000222	747-600	9937	20041123	20061123	00000000	30,000	30,000,000			Y		411

※ 고객정보조회표(CIF)는 거래인에 대한 은행이 가지고 있는 모든 정보를 기록한 자료로서 계좌주의 인적사항과 주된 직장, 해당은행이 가지고 있는 전국 지점의 모든 계좌와 예금, 대출 등 여수신 상태, 신용카드 정보, 계좌의 최종거래일자 등을 확인할 수 있다.

계좌개설신청서(개인)

(5) 예금 입출금 명세표(=금융거래 원장, 입·출금 거래내역)

금융거래 조사시 가장 출발점이 되는 자료로서 예금주의 거래일자, 입출금액, 취급점포, 타점권 입금액 등을 알 수 있는 자료이다.

(6) 양도성 예금증서(CD: Certificate of Deposit)

양도성 예금증서란 은행에서 정기예금에 대해 무기명으로 발행하는 예금증서를 말한다. 제3자에게 자유롭게 양도가 가능한 정기예금증서로서 최저금액은 1,000만원 이상이며 그 발행기간은 최소 30일 이상이지만 통상적으로 90일~180일을 발행기간으로 삼고 있는 게 일반적이다.

중도해지가 불가능하고 만기일에 양도성예금증서를 은행에 제시하면 누구나 예금의 인출이 가능하다. 그리고 증서를 담보로 하여 은행에서 대출을 받거나 증권회사에 매도할 수도 있다.

한편 양도성 예금증서를 통해서는 발행자와 만기일에 돈을 찾는 사람만 확인을 할 수 있을 뿐 아쉽게도 중간거래자는 확인할 수 없기 때문에 돈세탁 방법으로 악용되는 경우가 많다. 다만 압수수색을 할 당시 양도성 예금증서가 발견되었다면 발행은행 및 정기예금자의 계좌번호와 소지인(증서 뒷면 배서양식)을 물론 확인할 수는 있다.

<그림 3-9> 양도성 예금증서의 앞면과 뒷면

앞면

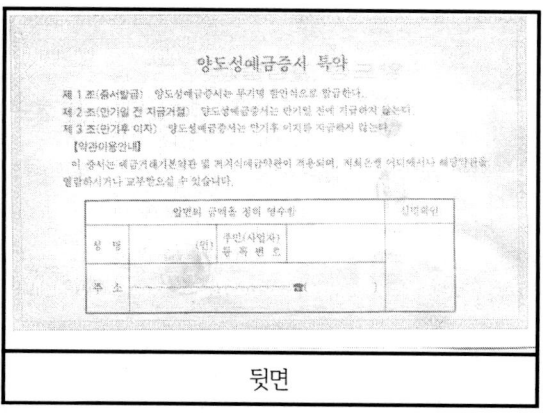
뒷면

(7) 현금인수도부(=현금인수도내역, 시재인수도부)

담당 텔러의 모출납 또는 다른 텔러와 수수한 현금내역을 기재한 것으로서 실제 텔러와 텔로 사이에 현금이 오고 간 내역을 한눈에 알 수 있기 때문에 고액현금거래의 실제 여부를 확인하는 데에 현금인수도부가 필요하다.

한편 은행의 각 텔러는 일정 액수 이상의 현금을 보관할 수 없기 때문에 다액의 현금을 고객에게 지급할 경우에 다른 텔러나 금고로 부터 현금을 가지고 와서 고객에게 지급을 해야 한다. 이렇게 다른 텔러나 금고로

제3장 - 금융기관 업무 개관

부터 현금을 가지고 올 경우 현금인수도부에 기재를 하게 되어 있다. 이 때문에 은행에서 실제 현금이 오고 간 내역을 쉽게 파악할 수 있다.

<그림 3-10> 현금인수도내역(=시재인수도내역)

인도텔러	인수텔러	현금종류	통화코드	거래금액	거래텔러	거래시각	마감구분
000000	034576	통화	KRW		034576	09:33:05	마감전
034576	021774	통화	KRW	6,000,000.00	034576	16:52:21	마감전
034576	034009	통화	KRW	15,000,000.00	034576	16:53:52	마감전
034576	021774	통화	KRW	2,772,000.00	034576	17:33:47	마감전
034576	000000	타점	KRW	340,500.00	034576	18:34:17	마감후
034576	010552	대체출금	KRW	14,700,000.00	034576	18:41:49	마감전
				36,281,580.00			

현금인수도내역(=시재인수도내역)

☞ **여기서 잠깐!!!**

현금인수도부는 고객 현금거래의 진위여부를 확인하기 위해 필요한 자료로서, 예를 들어 계좌거래내역에는 1억원의 현금을 출금한 것처럼 표기되어 있다고 하더라도 실제로는 다른 계좌에 이체하는 경우가 있을 수 있다(현금위장거래). 이 경우에 텔러가 현금 1억원을 지급하기 위해서는 모출납을 경유하여 금고에서 1억원을 인출하였을 가능성이 매우 크므로, 즉시 현금인수도부를 확인하면 실제 현금을 지급하였는지 여부를 바로 확인할 수 있다. 위 현금인수도 내역 예시에서 해당일에 34576텔러가 16:43경 1억원의 현금을 지급한 것처럼 계좌의 거래내역에 표기되어 있다고 하더라도 텔러의 현금인수도내역 으로 보아 당일 1억원에 상응하는 현금을 인수받은 내역이 전혀 없기 때문에 이는 현금위장거래로 인정할 수 있게 된다.

(8) 자기앞수표 지급내역 조회표

이는 수표의 발행일, 발행기관, 지급제시일, 지급기관을 확인할 수 있는 자료로서 수표추적을 위해 가장 기초적으로 확보해야 하는 자료이다. 이에 대한 자세한 내용은 수표추적기법에 별도로 설명하기로 한다.

(9) 입ㆍ출금내역 자동통지 서비스

입ㆍ출금내역 자동통지 서비스란 입ㆍ출금이 자유로운 예금의 입금ㆍ출금 거래내역을 휴대폰 문자메세지 또는 팩스로 자동 통지하는 서비스로서, 이는 예금입ㆍ출금 통지서비스라고도 부른다.

실무적으로는 차명계좌, 대포통장 등을 이용한 범죄에 있어서 용의자가 계좌는 타인의 계좌를 사용한다고 하더라도 그 계좌에 돈이 입금되었는지 신속히 확인하기 위하여 용의자가 실제 사용하는 휴대전화번호로 입ㆍ출금 내역을 통지받는 경우가 많다. 이 경우, 입ㆍ출금 내역을 통지받는 휴대전화번호를 파악할 수 있다면 용의자 검거에 활용할 수 있으므로 압수할 물건에 "입·출금 내역 자동통지서비스의 이용시 통지매체번호"라고 기재하면 입·출금 내역 통지를 받는 휴대전화번호를 제공 받을 수 있다.

<그림 3-11> 입출금내역 통지내용

구분	입금내역	출금내역
거래내역 통지 (잔액통지)	[KB]7/10 16:40 498125****8895 강동원 1,000,000 입금 잔액 50,000 1599-9999	[KB]7/10 15:22 498125****8895 홍길동 인터넷출금10,000 잔액 50,000 1599-9999
거래내역 통지 (잔액 미통지)	[KB]7/10 16:40 498125****8895 강동원 1,000,000 입금 1599-9999	[KB]7/10 15:22 498125****8895 홍길동 인터넷출금10,000 1599-9999
거래발생 통지	[KB]8/27 14:00 423725****1160 입금 1599-9999	[KB]8/27 14:00 423725****1160 출금 1599-9999
입출금내역 통지내용		

(10) 텔러별 거래내역

금융기관 업무의 전산화로 금융기관의 텔러가 처리한 내역은 전표로 증빙함과 동시에 '전산'으로도 이를 어렵지 않게 확인할 수 있다. 텔러별 거래내역은 전표상으로 발생한 거래 외에도 무전표거래, 수표입금 및 지급, 계좌이체 내역을 일목요연하게 확인할 수 있는 유용한 자료이다.

그러나 텔러별 거래내역은 범죄수사에 필요한 자료 이외에도 다른 고객의 거래내역까지 접근이 가능하기 때문에 텔러별 거래내역의 압수는 텔러의 조력에 의해 자금세탁이 있는 가능성이 농후한 경우에만 한하여야 한다.

그리고 압수할 물건의 기재시 "해당일에 해당 점포에서 근무한 모든 텔러가 취급한 텔러별 거래내역(전산로 그기록, 전표 및 무전표 거래내역, 현금·대체거래 등 일체)"이라고 기재한다.

<그림 3-12> 텔러별 거래내역의 예

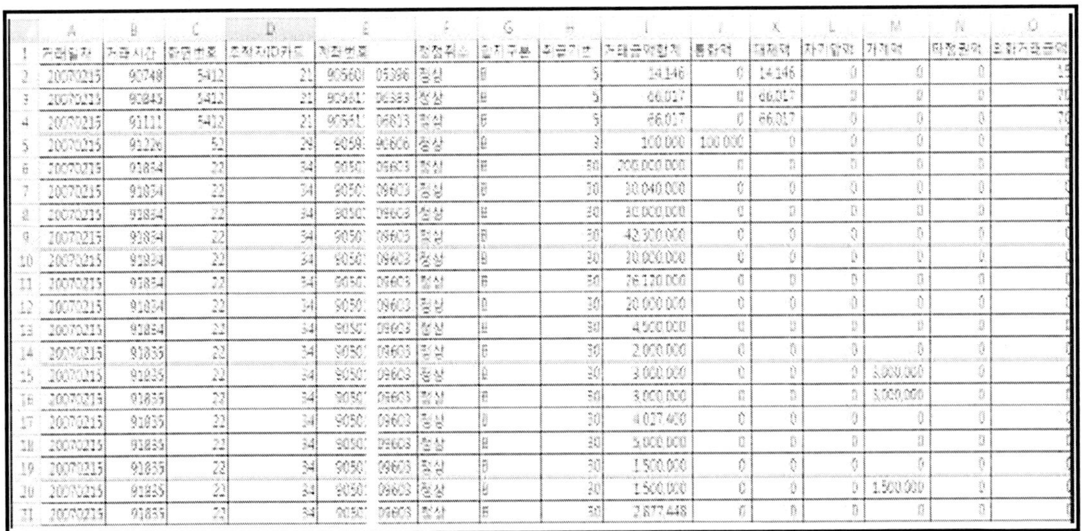

	A	B	C	D	E		F	G	H	I	J	K	L	M	N	O
1	거래일자	거래시간	창구번호	조작자ID카드	계좌번호		정정취소	입지구분	[illegible]	거래금액합계	[illegible]	대체액	자기앞	가계액	타점권액	[illegible]
2	20070215	90748	5412	21	905601	05396	정상	B	5	14,146	0	14,146	0	0	0	15
3	20070215	90845	5412	21	905612	06383	정상	B	5	66,017	0	66,017	0	0	0	70
4	20070215	91111	5412	21	905512	06803	정상	B	5	66,017	0	66,017	0	0	0	70
5	20070215	91226	52	29	90593	90606	정상	B	3	100,000	100,000	0	0	0	0	0
6	20070215	91854	22	34	90501	09603	정상	B	30	200,000,000	0	0	0	0	0	0
7	20070215	91834	22	34	90501	09603	정상	B	30	30,040,000	0	0	0	0	0	0
8	20070215	91854	22	34	90501	09603	정상	B	30	30,000,000	0	0	0	0	0	0
9	20070215	91834	22	34	90501	09603	정상	B	30	42,300,000	0	0	0	0	0	0
10	20070215	91834	22	34	90501	09603	정상	B	30	10,000,000	0	0	0	0	0	0
11	20070215	91854	22	34	90501	09603	정상	B	30	76,120,000	0	0	0	0	0	0
12	20070215	91834	22	34	90501	09603	정상	B	30	20,000,000	0	0	0	0	0	0
13	20070215	91854	22	34	90501	09603	정상	B	30	4,500,000	0	0	0	0	0	0
14	20070215	91835	22	34	90501	09603	정상	B	30	2,000,000	0	0	0	0	0	0
15	20070215	91835	22	34	90501	09603	정상	B	30	3,000,000	0	0	0	3,000,000	0	0
16	20070215	91835	22	34	90501	09603	정상	B	30	3,000,000	0	0	0	3,000,000	0	0
17	20070215	91835	22	34	90501	09603	정상	B	30	4,027,400	0	0	0	0	0	0
18	20070215	91835	22	34	90501	09603	정상	B	30	5,000,000	0	0	0	0	0	0
19	20070215	91835	22	34	90501	09603	정상	B	30	1,500,000	0	0	0	0	0	0
20	20070215	91835	22	34	90501	09603	정상	B	30	1,500,000	0	0	0	1,500,000	0	0
21	20070215	91835	22	34	90501	09603	정상	B	30	2,877,448	0	0	0	0	0	0

텔러별 거래내역

(11) 가상계좌

가상계좌란 금융기관, 통신판매사(G○○, 옥○ 등) 및 전기통신사업자 등 다수의 고객을 보유한 기업(관리주체)이 자금의 입금과 출금 등을 용이하게 하기 위해 특정 고객에게 부여하는 입금확인번호이다. 즉 개인에게 부여된 코드번호로 통상의 금융기관의 계좌와는 분명하게 구분 되는 개념이다.

예컨대, G○○에서 물건을 구매하고 그 결제방법을 '계좌이체'로 지정하면 G○○에서는 구매자를 위한 별도의 가상계좌를 부여해 주는데, 외견상 가상계좌는 입금은행이 표기되고 번호의 체계가 통상의 계좌번호와 유사하나, 금융기관은 가상계좌 관리주체에게 가상계좌번호를 부여해 주었을 뿐, 금융기관으로서는 실제 가상계좌번호를 누가 사용하였는지, 그리고 그 입금과 출금 내역은 어떠한지 전혀 알지 못한다.

이에 따라 가상계좌를 이용한 범행에 있어서 가상계좌주가 누구인지 알기 위해서는 ① 우선 계좌영장을 발부받아 해당 가상계좌를 부여한 금융기관에 영장을 집행하여 관리 주체가 누구인지 제공받은 뒤에, ② 관리 주체에 별도로 공문 또는 일반압수영장에 의해 가상계좌주에 대한 고객정보를 요청하는 절차가 필요하다.

<그림 3-13> 가상계좌 예시

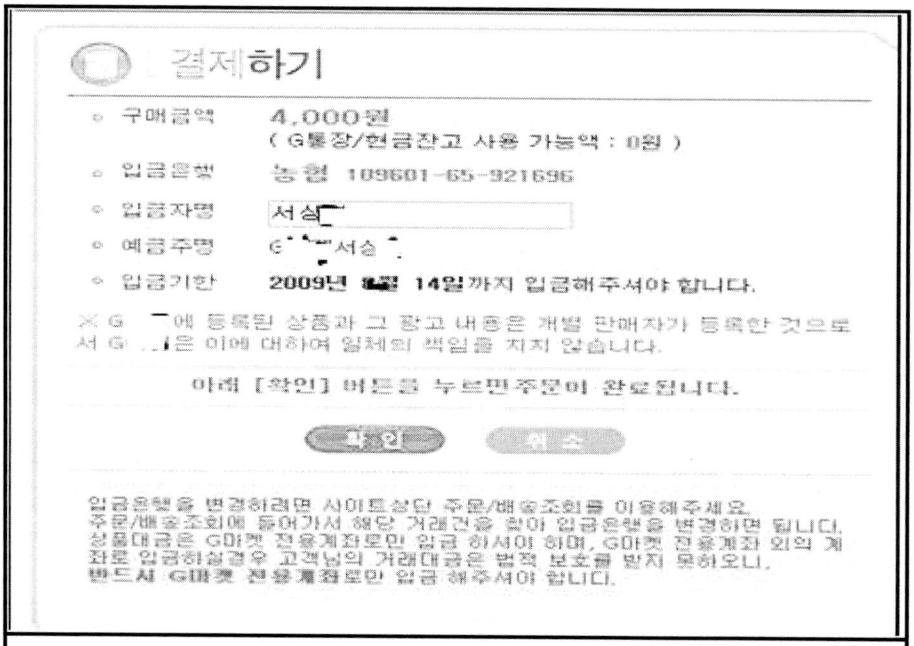

가상계좌 예시

예컨대, 서상○이라는 자가 G○○에 4,000원의 물건구매 요청을 하고 가상계좌번호를 부여받은 뒤 네이버(Naver) 중고나라에 '중고물품을 4,000원에 판매하겠다'라고 허위의 글을 게시한 다음에 피해자에게 위의 가상계좌번호를 알려주어 피해자로 하여금 위 가상계좌에 4,000원을 송금하게 하는 방식이다. 그러나 사기죄를 범한 경우, 농협 109601-12-345678 계좌에 대한 CIF를 요청하는 내용의 영장을 작성하여 농협에 집행하면 농협은 '서상○'이라는 존재를 알지 못하고 'G○○'에서 관리하는 가상계좌임을 회신해 주게 된다. 관리주체를 알게 되면 G○○에 별도로 공문(자료제공에 동의한 경우) 또는 일반 영장(자료제공을 거부하는 경우)으로 가상계좌 주인에 대한 인적사항을 추가로 요구하여야 한다.

한편 여기서 주의해야 할 점은 가상계좌를 관리하는 주체가 전기통신사업자인 경우이다. 예컨대, 인터넷 게임아이템의 거래를 중개하는 '아이템○○베이'와 '아이템○○아이'라는 업체는 부가전기통신사업자로, 이와 같은 부가전기통신사업자가 보유하고 있는 가입자에 대한 정보는 경찰의 서장급인 총경(總警) 이상의 결재를 득한 '통신자료제공요청'에 의하여야 하므로, 가상계좌 관리주체가 '전기통신사업자'인 경우에는 통신자료제공 요청에 의해 가상계좌 주인에 대한 인적사항을 제공받아야 한다.

물론 대상자의 가상계좌 거래내역은 일반영장으로도 압수가 가능하다.

제3장 - 금융기관 업무 개관

> **전기통신사업법 제83조 (통신비밀의 보호)**
>
> ③ 전기통신사업자는 …… 수사관서의 장 …… 이 재판, 수사 …를 위하여 다음 각 호의 자료의 열람이나 제출(이하 "통신자료제공"이라 한다)을 요청하면 그 요청에 따를 수 있다.
>
> 1. 이용자의 성명
> 2. 이용자의 주민등록번호
> 3. 이용자의 주소
> 4. 이용자의 전화번호
> 5. 이용자의 아이디(컴퓨터시스템이나 통신망의 정당한 이용자임을 알아보기 위한 이용자 식별부호를 말한다)
> 6. 이용자의 가입일 또는 해지일
>
> ⑨ 자료제공요청서에 대한 결재권자의 범위 등에 관하여 필요한 사항은 대통령령으로 정한다.
>
> 전기통신사업법 시행령 제53조 (통신비밀의 보호) 법 제83조제9항에 따른 자료제공요청서의 결재권자는 …… 경찰 및 해양경찰의 경우에는 총경 이상의 공무원(경정이 관서의 장인 경우에는 경정을 포함한다)으로 하고, 군 수사기관의 경우에는 군검찰관 또는 중령 이상의 군인(소령이 부대장인 군 수사기관의 경우에는 소령을 포함한다)으로 한다.

<그림 3-14> 통신자료 제공요청의 예와 자료회신의 예

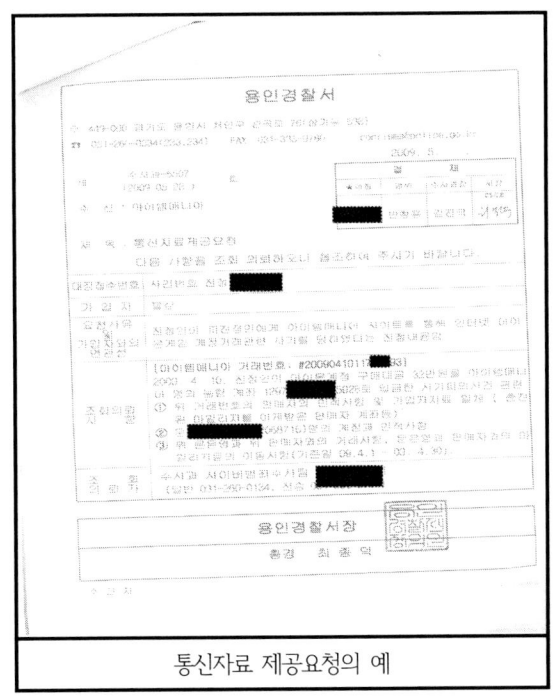
통신자료 제공요청의 예

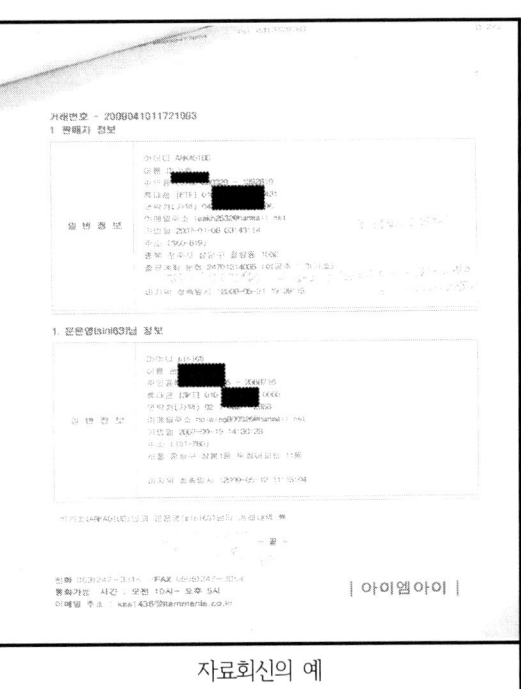
자료회신의 예

제4장 금융기관 업무처리 개요

이번에 주요 금융기관별 업무처리시스템, 용어를 전수 조사하였다. 차후 계좌영장 작성·집행에 있어서 사전에 금융기관별로 처리하는 업무시스템을 이해하고 접근하는 경우 한결 용이한 영장집행이 가능할 것이다. 계좌영장의 집행부서를 정리하면 다음의 표<4-1>에서와 같다.

<표 4-1> 계좌영장의 집행부서 정리

은행	거래 내역	CIF 자료	전표	수표지급내역 조회	수표지급정보 (배서인 인적사항 등)	CCTV 녹화 자료	텔러별 거래 내역	계좌 개설 신청서
경남은행	본점	본점	지점	본점	지점	지점	본점	지점
광주은행	본점	본점	지점	본점	지점	지점	본점	지점
농협중앙회 또는 지역 농·축협	본점	본점	지점	본점	지점	지점	본점	지점
NH은행	본점	본점	지점	본점	지점	지점	본점	지점
새마을금고	지점	지점	지점	지점	지점	지점	지점	지점
수협	본점	본점	지점	본점	지점	지점	본점	지점
전북은행	본점	본점	지점	본점	지점	지점	본점	지점
우체국	본점	본점	지점	본점	지점	지점	본점	지점
국민은행	본점	본점	지점	본점	지급제시점(단, 보관점이 자금조합부인 경우 본점)	지점	본점	지점
부산은행	본점					개별 문의	본점	
신한은행	본점					개별 문의	본점	
우리은행	본점					개별 문의	본점	
제주은행	본점					개별 문의	본점	
하나은행	본점					개별 문의	본점	
시티은행	본점					개별 문의	본점	
외환은행	본점					개별 문의	본점	
스탠다드 차타드은행	본점					개별 문의	본점	
한국수출입은행	본점						자료X	
기업은행	본점							
대구은행	본점							
한국산업은행	본점							
HSBC	본점							
신협	지점							

제4장 - 금융기관 업무처리 개요

1. 우정사업본부(우체국)

(1) 은행의 특징 및 은행 계좌번호의 특징

우정사업본부에서 우체국을 통해 취급하고 있는 금융업무는 여·수신 예금업무(신용 카드 업무는 취급하지 않음)와 제한된 대출 업무[7] 및 보험업무를 취급하고 있다.

우정사업본부에서 금융거래정보제공을 담당하는 부서는 우정사업정보센터로 우정사업본부건물이 아닌 서울 광진구 자양로 72에 별도로 사무실을 운영하면서 전산망을 관리 하고 있다.

- 압수·수색할 장소의 기재시 '우정사업정보센터 및 해당 우체국 점포'로 기재하는 것이 타당하다.
- 우체국 계좌는 14자리로[8] 구성이 되며, 계좌번호의 조합이 6자리-2자리-6자리로 구분 되어 있는 것이 특징이다. 특이한 점은 첫 6자리는 모두 01~90숫자 뒤에 4자리가 추가로 부여된다는 점이다.

(2) 영장집행 후 자료제공 처리과정

우정사업정보센터 내에 금융거래정보제공 담당자가 있으며, 담당자 1명이 모든 사법기관의 영장업무를 담당하며, 계좌거래내과 고객정보조회의 경우 당일 15시 이내에 접수가 되면 당일 회신이 가능하나, 전자문서로 송부하고 있어, 하루 정도 시일이 소요된다. 전표와 수표 등 실물을 확인할 경우는 우정사업정보센터가 아닌 각 해당 점포에 영장을 제시해야 한다.

한편 우체국의 경우 계좌거래내역의 회신을 온나라 시스템으로 제공함에 특별히 유의해야 한다.

(3) 전표보관 방식

모든 전표는 금융거래가 발생한 해당 점포에서 보관(스캔작업을 하지 않음)하고 법정보존기간인 5년이 경과하면 폐기를 하는 것을 원칙으로 하고 있다. 따라서 전표를 압수할 경우에는 경찰수사관이 직접 해당 거래 점포에 영장을 제시해야 한다.

(4) 실시간 거래내역 제공 여부

우체국에서는 현재 고객에게 SMS서비스를 하고 있지 않은 관계로 경찰에게 제공하는 것도 사실상 불가능한 게 사실이다. 참고로 우체국은 대여금고나 비밀계좌를 운영하고 있지 않다.

---

7) 보험계약자로서 자신 명의의 저축성예금계좌를 보유한자만 대출이 가능하며, 요구불예금(보통예금,저축예금, 자유저축예금)을 보유한자는 대출을 받을 수 없다.
8) 연동계좌를 추적하는 경우 시중은행에서 제출 받은 거래내역 중 우체국계좌로 표시된 계좌번호가 16자리로 구성되어 있는 경우가 있다. 이는 일반시중은행에서 임의로 숫자를 부여한 것인데, 해당금융기관에 문의하여 임의로 부여된 두 자리를 확인 후 실제 우체국 계좌를 특정하여 우정사업정보센타에 계좌거래내역을 요구 해야 한다.

2. 외환은행

(1) 은행의 특징 및 은행계좌번호의 특징

은행의 특징과 은행계좌의 특징은 다음과 같다.

- 외환은행은 여·수신업무 및 신용카드업무, 대출업무 등 모든 업무를 취급하고 있다.
- 외환은행의 경우 본점 수신지원팀 금융거래정보제공 담당자가 모든 금융거래정보제공 업무(단, 대출서류는 해당점포에서 취급)를 담당하고 있다.
- 외환은행 계좌는 2005년 이전 개설된 계좌와 이후 개설된 계좌로 구분된다.

1) 2005년 이전 개설된 계좌

총 11자리로 구성되며, 계좌번호의 조합이 3자리-2자리-5자리-1자리로 구분되는 것이 특징이다.

2) 2005년 이후 개설 된 계좌

총 12자리고 구성되며, 계좌번호의 조합이 3자리-6자리-3자리로 구분되는 것이 특징이다.

(2) 영장집행 후 자료제공 처리과정

수신지원팀에서 일괄 접수 받아 담당자에게 개별 배당하며, 계좌거래내역과 고객정보 조회는 수신지원팀에서 바로 처리되나, 전표 및 수표사본, 그리고 계좌개설신청서는 해당점포에 의뢰하여 이를 회신받아 경찰에 제공한다.

(3) 전표보관 방식

모든 전표는 금융거래가 발생한 해당 점포에서 보관(스캔작업을 하지 않음)하고, 법정보존기간인 5년 경과하면 폐기를 하고 있다. 일부 점포는 규모가 협소하여 1-2년정도를 보관하다가 별도 문서고(오산)로 보내어 보관하고 있다. 따라서 전표와 수표 사본을 압수할 경우 수신지원팀에 영장을 제시하면 된다.

(4) 실시간 거래내역 제공 여부

고객에게는 SMS서비스를 제공하고 있으나 경찰에게는 제공하지 않고 있다. 한편 이는 비용 등의 문제로 추후 협의가 필요한 부분이기도 하다.

(5) 대여금고

제4장 - 금융기관 업무처리 개요

일부 모점(해당 지역구에서 가장 큰 점포)에서 대여금고를 운영하고 있으며 곧바로 수신 지원팀에 문의하면 대여금고 개설여부를 확인 할 수 있다.

(6) 특정 점포 관리 계좌[9]

특정점포에서만 입출금을 할 수 있는 계좌는 있으나, 계좌개설 여부 및 계좌거래내역은 모든 점포에서 확인하는 것이 얼마든지 가능하다.

(7) 참고 사항

다음의 참고 사항을 숙지하는 일은 매우 중요하다.

- 금융거래정보 제공업무는 본점 수신지원팀에서 일괄처리하고 있다. 다만 전표와 수표 사본의 경우, 본점에 집행해도 이를 지점으로부터 회신 받아 처리하므로, 3~4일 정도 소요된다.
- 업무상 문의는 1544-3000(교환)으로 전화하여 금융거래정보제공 담당자와 통화해야 한다.

한편 경찰 담당자가 1명으로 일반전화로 전화할 경우 한 사람에게만 업무가 집중되어 영장처리 업무를 할 수 없다고 한다.

3. 수협은행

(1) 은행의 특징 및 은행계좌번호의 특징

은행의 특징 및 은행계좌번호의 특징을 살펴보면 다음과 같다.

- 수협은행은 일반은행과 같이 여·수신업무 및 신용카드업무, 대출업무 등 모든 업무를 취급하고 있다.
- 수협은행은 중앙회소속 은행(115여개)와 단위조합은행(100여개)으로 구분이 되며, 중앙회에서 단위조합의 계좌거래내역을 조회할 수 없다.
- 수협은행의 경우 본점 고객지원부 금융거래정보제공 담당자가 업무(전산자료)를 담당하고 있고, 전표와 수표사본의 경우 해당 실물을 보관하고 있는 각 점포에 영장을 집행해야 한다.
- 수협은행 계좌의 경우 2011년 9월 이전 개설된 계좌와 이후 개설된 계좌로 구분된다.

1) 2011년 9월 이전 개설된 계좌

총 11자리로 구성되며, 계좌번호의 조합이 3자리-2자리-6자리로 구분되어 있는 것이 특징이며, 첫 3자리는 통장을 개설한 점포의 코드 번호이다.

---

[9] 특정한 점포에서만 입출금이 가능하도록 제한된 계좌(일부 은행은 거래내역의 열람도 제한 됨).

2) 2011년 9월 이후 개설 된 계좌

계좌의 번호는 총12자리고 구성되며, 계좌번호의 조합이 4자리-4자리-4자리로 구분되어 있는 것이 특징이다.

(2) 영장집행 후 자료제공 처리과정

수협은행의 경우 본점 고객지원부 금융거래정보 제공 담당자가 업무(전산자료)를 담당하고 있으며 전표와 수표사본의 경우 해당 실물을 보관하고 있는 각 점포에 영장을 집행해야 한다.

중앙회 소속 계좌가 아닌 경우, 즉 단위조합에서 개설된 계좌의 경우 고객지원팀 담당자가 해당 조합으로 이관하며 해당 조합 담당자가 업무를 처리 후 경찰관에게 자료를 제공한다.

(3) 전표보관방식

모든 전표는 금융거래가 발생한 해당 점포에서 보관(스캔작업을 하지 않음)하고 있다. 특히 법정보존기간인 5년은 의무적으로 보관해야 한다. 그 후 대부분 별도 문서고(천안 아산 소재 교육원)로 이관하여, 향후 3-5년 정도를 더 보관한 후 대부분 폐기하고 있다. 따라서 전표 등을 압수할 경우 해당점포에 직접 영장을 제시하고 5년이 지난 전표의 경우 폐기여부를 확인하여야 한다.

(4) 실시간 거래내역 제공 여부

실시간 거래내역의 경우 고객에게는 SMS서비스를 제공하고 있으나 경찰에게는 제공하지 않고 있다.

(5) 대여금고

전국 12개 지점에서 대여금고를 운영하고 있고, 2011년 9월부터 전산작업이 이루어져 고객지원부에서 개설 여부 확인이 가능한 게 일반적이다.

(6) 특점 점포 관리 계좌

특정점포에서만 입출금을 할 수 있는 계좌는 있으나 계좌개설의 여부 및 계좌거래의 내역은 고객지원부 및 모든 점포에서 확인이 가능하다.

(7) 참고 사항

법인명의 계좌개설 여부를 확인할 경우 현 시스템상 법인등록번호로는 조회가 되지 않는다. 즉 사업자등록번호로만 확인이 가능하다.

4. 신한은행

(1) 은행의 특징 및 은행계좌번호의 특징

은행의 특징 및 은행계좌번호의 특징을 살펴보면 다음과 같다.

- 신한은행은 구 조흥은행을 인수합병한 은행으로 여·수신업무 및 신용카드업무, 대출업무 등 모든 업무를 취급하고 있다.
- 신한은행의 경우 본점 업무지원팀 금융거래정보제공 담당자가 모든 금융거래정보제공 업무(단, 대출서류는 해당점포에서 취급)를 담당하고 있다.
- 신한은행 계좌의 경우 인수합병 전 구 신한은행계좌와 조흥은행계좌, 그리고 통합 후 신계좌로 구분된다.

1) 구 신한은행 및 구 조흥은행 계좌

총 11자리로 구성되며 계좌번호의 조합이 3자리-2자리-6자리로 구분되어 있는 것이 특징이다.

2) 통합 후 신한은행계좌

총 12자리고 구성되며 계좌번호의 조합이 3자리-3자리-6자리로 구분되어있는 것이 특징이다.

(2) 영장집행 후 자료제공 처리과정

업무지원팀에서 일괄 접수받아 13시 이전에 접수된 것은 당일 담당자에게 배정하고, 13시 이후 접수된 영장은 익일 오전에 담당자에게 배정하며 대출신청서류를 제외한 모든 금융거래정보를 업무지원팀에서 처리 경찰에 제공한다.

(3) 전표 보관방식

모든 전표는 업무지원센터에서 스캔 작업을 위해 집중 보관하며, 법정 보존기간인 5년 경과하면 실물과 스캔하여 전산으로 보관하고 있는 자료 모두를 폐기하고 있다.

(4) 실시간 거래내역 제공 여부

고객에게는 SMS서비스를 제공하고 있으나 경찰에게는 제공하지 않고 있다.

(5) 대여금고

일부 모점(해당 지역구에서 가장 큰 점포)에서 대여금고를 운영하고 있으며, 업무 지원팀에 문의하면 대여금고 개설여부를 확인 할 수 있다.

(6) 특정 점포 관리 계좌

특정 점포 관리 계좌는 운영하고 있지 않다.

5. HSBC은행

(1) 은행의 특징 및 은행계좌번호의 특징

- HSBC은행은 여·수신업무와 대출업무 등 모든 업무를 취급하나 신용카드 업무는 취급 하지 않고 있다.
- HSBC은행의 경우 본점 업무부 금융거래정보제공 담당자가 모든 금융거래정보제공 업무를 담당하고 있다.
- HSBC은행 계좌의 경우 12자리로 구성되며 계좌번호의 조합이 3자리-6자리-3자리로 구분되어 있는 것이 특징이다.

(2) 영장집행 후 자료제공 처리과정

본점 업무부에서 일괄 접수받아 담당자가 모든 금융거래정보를 제공하고 있다.

(3) 전표보관방식

모든 전표는 본점 업무부에서 스캔 후 일괄 보관하며, 법정보관기간인 5년 후 바로폐기를 하는 것이 아니라 상황에 따라 5년에서 10년 정도 보관 후 폐기 한다.

(4) 실시간 거래내역 제공 여부

고객에게는 SMS서비스를 제공하고 있으나 경찰에게는 제공하지 않고 있다.

(5) 대여금고

전국 11개 지점 모두 대여금고를 보유하고 있으며, 업무부에서 개설 여부 확인이 가능하다.

(6) 특정 점포 관리 계좌

특정 점포 관리 계좌는 존재하지 않는다.

(7) 참고 사항

HSBC은행의 경우 홍콩 본사의 지시를 받기 때문에 거래내역 제공시 엑셀양식이 아닌 PDF파일로 제공되고 있으며 국내에서 사용하는 서버용량이 적어 대부분 자료가 홍콩에 있는 서버에 저장되어 과거의 거래내역을 요구 할 경우 시간이 소요된다.

6. 대구은행

(1) 은행의 특징 및 은행계좌번호의 특징

대구은행의 특징 및 은행계좌번호의 특징은 다음과 같다.

- 대구은행은 대구에 본점이 있는 지역은행이지만, 여·수신업무 및 신용카드업무, 대출업무 등 모든 업무를 취급하고 있다.
- 대구은행의 경우 대구에 있는 본점 영업지원부 금융거래정보제공 담당자가 모든 금융 거래정보제공업무를 담당하고 있다.
- 대구은행 계좌의 경우 2011년 6월경 은행계좌 시스템이 변경되었고, 구 계좌번호와 신 계좌번호는 모두 11자리에서 14자리로 구성되어 있으며, 그 특징은 처음 다섯자리가 3자리-2자리로 구성되어 있다는 것이다.

(2) 영장집행 후 자료제공 처리과정

본점 영업지원부에서 일괄 접수받아 담당자가 모든 금융거래정보제공 업무를 취합하여 경찰에 제공하고 있다.

(3) 전표보관방식

모든 전표는 스캔 후 영업지원부에서 일괄 보관하며 법정 보존기간인 5년 경과하면 모두 폐기를 하고 있다.

(4) 실시간 거래내역 제공 여부

SMS서비스를 해 줄 수 있는 시스템이 없다.

(5) 대여금고

일부 지점에서 대여금고를 운영하고 있으며 영업지원부에 문의하면 대여금고 개설여부를 확인 할 수 있다.

(6) 특정 점포 관리 계좌

존재하지 않는다.

(7) 참고 사항

텔러별 거래내역은 해당점포에서 출력이 되지 않는 경우가 많으므로 압수수색 장소에 본점 전산실을 반드시 기재할 필요가 있다.

7. 한국산업은행

(1) 은행의 특징 및 은행계좌번호의 특징

- 산업은행은 일반은행과 같이 여·수신업무와 기업대출 업무는 처리 하지만 신용카드 업무는 취급하지 않는다. 다만 개인신용대출 업무를 2010년부터 시행하고 있다(단, 개인 신용대출과 아파트 담보대출만 취급).
- 산업은행의 경우 본점 KDB 다이렉트실에서 금융거래정보제공 담당자가 모든 금융거래정보제공 업무를 담당하고 있다.
- 산업은행의 경우 계좌번호는 총14자리고 구성되며, 계좌번호의 조합이 3자리-4자리-4자리-3자리로 구분되어 있는 것이 특징이다. 그리고 계좌번호의 맨끝 3자리는 점포코드를 나타낸다.

(2) 영장집행 후 자료제공 처리 과정

KDB 다이렉트실에서 일괄 접수받아 금융거래정보제공 담당자가 직접 처리하고 있으며, 계좌거래내역과 고객정보조회는 바로 처리가 가능하나, 전표 등 확인은 해당 점포에 의뢰하여 자료를 제공받아 경찰에 제공하고 있다.

(3) 전표 보관방식

모든 전표는 금융거래가 발생한 해당 점포에서 보관(스캔작업을 하지 않음)하고, 법정보존기간인 5년 경과하면 폐기를 하고 있다. 따라서 영장을 해당 점포에 제시하여 전표를 제출받을 수 있고, KDB다이렉트실에 의뢰하여 제출을 요구할 수 도 있다.

(4) 실시간 거래내역 제공 여부

고객에게는 SMS서비스를 제공하고 있으나, 경찰에게는 제공하지 않고 있다. 추후 협의가 필요한 사항이다.

(5) 대여금고

일반 점포는 대여금고 업무를 취급하지 않고, 일부 BP업무센터에서 대여금고를 운용하고 있으나, 개설내역은 KDB다이렉트실에서 제공받을 수 있다.

(6) 특정 점포 관리 계좌

존재하지 않는다.

8. 한국수출입은행

(1) 은행의 특징 및 은행계좌번호의 특징

한국수출입은행의 특징 및 은행계좌번호의 특징은 다음과 같다.

- 수출입은행은 일반인을 상대로 하는 여·수신업무 및 신용카드업무를 취급하지 않고 있으며, 법인을 상대로 수출입, 해외투자 목적 기업여신 및 대출업무를 하고 있다.
- 본점 여신지원팀 금융거래정보제공 담당자가 모든 금융거래정보제공 업무를 담당하고 있다.
- 수출입은행의 경우 여수신 업무를 직접 하지 않기 때문에 별도 계좌를 개설하지 않고, 주 거래은행인 외환은행에 '한국수출입은행'명의로 개설한 당좌계좌에 자금을 입금하여 거래고객인 법인명의 시중은행에 자금을 입금하고 있다.

(2) 영장 집행후 자료 제공 처리과정

여신지원팀에서 일괄 접수 받아 처리하고 있다.

(3) 전표보관방식

수출입 은행은 종이로 작성하는 전표가 없다. 수출입 은행에서 전산으로 작성되는 전표는 대출전표, 회수전표, 이자전표 등이며, 모두 전산으로 보관되고 출력시 A4용지에 양식에 출력된다. 이러한 자료가 필요할 경우 여신지원팀에 영장을 제시하면 된다.

(4) 실시간 거래내역 제공여부

한국수출입은행은 입출금내역 자동통지서비스를 제공하지 않고 있어, 제공이 불가능하다.

이곳은 현재 대여금고 및 비밀계좌 운영하지 않는다.

(5) 참고 사항

- 수출입 은행은 개인여신업무를 취급하지 않기 때문에 대표이사 개인 주민번호로 대출여부를 확인할 수 없으므로 반드시 법인명과 사업자등록번호를 함께 기재하여 요구하여야 한다.
- 수출입 은행에서 취급하는 여신제도는 수출지원금융, 수입지원금융, 해외투자 및 자원 개발지원금융, 무역금융, 보증(채무보증, 이해성보증)이 주 업무이므로 수사대상인 법인이 무역 등 수출입을 주목적으로 설립된 법인인지, 해외투자 개발을 목적으로 설립된 법인인지를 확인 후 해당이 있을 경우 수출입은행과의 거래사실 여부를 확인할 필요가 있다.

9. 부산은행

(1) 은행의 특징 및 은행계좌번호의 특징

부산은행의 특징 및 은행계좌번호의 특징은 다음과 같다.

- 부산은행은 부산에 본점이 있는 지역은행으로, 여·수신업무 및 신용카드업무, 대출 업무 등 모든 업무를 취급하고 있다.
- 부산은행의 경우 본점에 소속된 BPR센터 금융거래정보제공 담당자가 모든 금융거래정보제공 업무(대출서류 포함)를 담당하고 있다.
- 부산은행 계좌의 경우 2012년 1월 25일 계좌번호 체계가 변경되어 구 계좌번호와 신계좌번호로 구분되며 특징은 아래와 같다.

1) 구 계좌번호(2012년 1월 25일 이전 개설계좌)

총 12자리로 구성되며, 계좌번호의 조합이 3자리-2자리-6자리-1자리로 구분되어있는 특징이 있다. 그리고 처음 3자리는 지점코드번호, 두 번째 2자리는 예금과목, 세번째 6자리가 고객 일련번호를 나타낸다.

2) 신 계좌번호(2012년 1월 25일 이후 개설된 계좌)

이번에 새로 변경된 신 계좌는 총 13자리로 구성되며, 계좌번호의 조합이 3자리-4자리-4자리-2자리로 구분되어 있는 것이 특징이다. 구 계좌와 다른 점은 첫3자리로 여수신과목을 구분하며, 지점번호는 존재하지 않는다는 것이다.

(2) 영장 집행 후 자료제공 처리과정

부산은행 BPR센터에서 일괄 접수받아 금융거래정보제공 담당자가 모든 금융거래정보제공 업무를 직접 처리 후 경찰에게 회신을 하고 있다.

(3) 전표 보관방식

모든 전표는 BPR센터에서 스캔 작업을 위해 일괄 보관하고 있으며, 스캔작업은 2005년부터 시행되고 있다. 모든 전표는 법정보관기간인 5년동안 보관을 하고, 실물 전표는 모두 폐기하나 스캔작업을 하여 전산상 보관된 자료는 아직 남아있어, 2005년 이후 작성된 전표도 확인이 가능하다.

(4) 실시간 거래내역 제공 여부

고객에게는 SMS서비스를 제공하고 있으나, 경찰에게는 제공하지 않고 있다. 추후 협의가 필요한 사항이다.

(5) 대여금고

전국 30여곳 지점에서 대여금고를 운영하고 있으며, BPR센터에서 전산상으로 대여 금고 개설 여부가 확인가능하다.

(6) 특정 점포 관리계좌

별도 비밀계좌는 운영하고 있지 않다.

(7) 참고 사항

CCTV의 경우 점포내 CD기일 경우는 해당 지점으로, 점외 CD기일 경우는 안전관리실로 의뢰해야 한다(영상자료 보관기간은 60일).

10. 스탠다드차터트은행

(1) 은행의 특징 및 은행계좌번호의 특징

스탠다드차터트은행의 특징 및 은행계좌번호의 특징은 다음과 같다.

- 스탠다드차터드은행은 여·수신업무 및 신용카드업무, 대출업무 등 모든 업무를 취급하고 있는 은행이다. (종전 SC제일은행)
- 스탠다드차터드은행은 본점에 소속된 전산부 내 정보전략부, 전자문서/금융결제부, 지방영업점, 수신상품팀 담당자들이 각 해당 파트별로 금융거래정보제공 업무를 담당하고 있다.(단, 대출신청서 등 대출관련 서류는 해당점포에서 취급)
- 스탠다드차터드은행 계좌는 총 11자리로 구성되며, 계좌번호의 조합이 3자리-2자리-6자리로 구분되어 있는 것이 특징이다. 그리고 처음 3자리는 지점번호, 가운데 2자리는 상품식별번호, 나머지 6자리는 일련번호를 나타낸다.

(2) 영장집행 후 자료제공 처리과정

스탠다드차터드은행의 경우 금융거래정보제공 담당부서에서 팩스로 일괄 접수를 받아 내부 시스템에 등록 후 내부결재를 받은 후 거래내역, 인적사항, IP, 텔레뱅킹 자료는 정보전략부에, 서울지역영업점 거래내역, 인적사항, 어음, 수표, 전표, 개설신청서 자료는 전자문서/금융결제부에, 지방점포의 자료는 지방영업점, 대여금고와 관련된 자료는 수신상품팀에 배당하여 각 해당 담당자가 자료작성 작업을 완료 후 다시 내부결재를 통해 해당 경찰서로 회신하고 있다.

※ 요약 : 모든 자료는 본점을 통하여 제공받을 수 있다.

(3) 전표 보관방식

모든 전표는 본점 전산부에서 스캔작업과 함께 일괄보관 후 법정보존기간인 5년이 지나면 모두 폐기를 하고 있다. 스탠다드차터드은행의 경우 스캔작업이 2004년 10월25일부터 이루어지고 있으며, 현재 스캔된 모든 자료가 전산상 보관되어 있어, 자료 요구시 이를 열람할 수 있으나 제공가능 범위에 대한 명확한 규정이 없어, 현재 규정제정 작업을 하고 있다.

(4) 실시간 거래내역제공 여부

고객의 요청에 의해 SMS서비스를 해 주고 있는 계좌에 한해서 경찰이 영장으로 요청하면 실시간 거래내역을 제공해 줄 수 있다.

(5) 대여금고

전국 250여개 점포에서 대여금고를 운영하고 있으며, 금융거래정보제공 담당자에게 자료 제공을 요청하면 수신상품팀에 의뢰하여 대여금고 개설여부를 확인할 수 있다.

(6) 특정 점포 관리 계좌

특정 점포에서만 거래가 가능한 계좌는 개설이 가능하나, 본점에서 모든 계좌를 조회할 수 있기 때문에 본점에서 조회할 수 없는 계좌는 없다.

11. 국민은행

(1) 은행의 특징 및 은행계좌번호의 특징

국민은행의 특징 및 은행계좌번호의 특징은 다음과 같다.

- 국민은행 여·수신업무 및 신용카드업무, 대출업무 등 모든 업무를 취급하고 있는 은행이다.

- 국민은행은 본점에 소속된 업무지원센타에서 모든 금융거래정보제공 업무를 담당하고 있다.(단, 대출신청서등 대출관련 서류는 해당점포에서 취급)

- 국민은행 계좌는 구 주택은행 또는 통합계좌와 구 국민은행계좌 그리고 예금주 요청계좌로 구분되며 그 특징은 아래와 같다.

1) 구 주택은행 또는 통합계좌

계좌번호는 총 14자리로 구성되며, 계좌번호의 조합이 6자리-2자리-6자리로 구분되어 있는 것이 특징이다.

2) 구 국민은행계좌

계좌번호는 총12자리고 구성되며, 계좌번호의 조합이 3자리-2자리-4자리-3자리로 구분되어 있는 것이 특징이다.

3) 예금주 임의 요청계좌

이 계좌는 예금주의 요청에 의해 작성되는 계좌로 이 계좌번호의 특징은 모두 11자리로 구성되어 있고, 계좌번호의 첫 자리가 9로 시작되는 특징이 있다.

(2) 영장집행 후 자료제공 처리과정

국민은행은 업무지원센터에서 일괄 접수를 받아 금융거래정보제공 담당자에게 배당하여 업무를 처리하고 있으나, 거래내역, 인적사항, IP, 텔레뱅킹, 수표관련 자료는 업무지원센터에서 바로 처리 후 경찰에 회신 가능하나, 전표는 해당지점에 의뢰하여, 자료를 회신받아 경찰에 제공하고 있다.

(3) 전표 보관방식

모든 전표는 해당 점포에서 통상 1-2년 정도 보관하다가 각 해당지역 집중문서고로 옮겨 통합 보관하고 있으며, 법정보존기간인 5년이 경과하면 폐기를 하고 있기 때문에 5년이 지난 전표는 확인할 수 없다.

(4) 실시간 거래내역 제공 여부

제공해 주지 않는다.

(5) 대여금고

전국에 소재하고 있는 점포 종 일부 모점포(그 지역에서 가장 큰 대형점포)에서 대여 금고를 운영하고 있다. 대여금고 개설여부는 업무지원센터에서 전산상으로 조회가 가능 하다. 특히 국민은행의 경우 대여금고가 전자식과 열쇠식으로 구분되면 전자식은 고객의 지문과 정맥 등에 의해 금고 출입이 가능하며, 열쇠식은 고객과 은행용으로 구분되어 각각 보관을 하게 된다.

(6) 특정점포 관리계좌

해당사항 없다.

(7) 참고 사항

국민은행의 경우 대여금고 대여시 당행과 거래하는 MVP, 로얄, 골드고객에 한해 금고를 대여하고 있으나, 예외적으로 자산과 신용이 확실하고 수신거래가 기대되어 영업점장이 특별히 인정하는 고객에게도 금고를 대여해 주고 있어, 수사 대상자가 국민은행과 거래가 전혀 없다고 할지라도 대여금고 개설 여부를 확인해 볼 필요가 있다.

12. 하나은행

(1) 은행의 특징 및 은행계좌번호의 특징

하나은행의 특징 및 은행계좌번호의 특징은 다음과 같다.

- 여·수신업무 및 신용카드업무, 대출업무 등 모든 업무를 취급하고 있는 은행이다.
- 하나은행은 본점에 소속된 금융거래정보 제공팀에서 모든 업무를 담당하고 있다(단, 대출신청서등 대출관련 서류는 해당점포에서 취급).
- 하나은행 계좌는 총 14자리로 구성되며, 계좌번호의 조합이 3자리-6자리-5자리로 구분되어 있는 것이 특징이다.

(2) 영장집행 후 자료제공 처리과정

하나은행의 경우 금융거래정보 제공팀에서 일괄 접수를 받아 금융거래정보 제공 담당자에게 배당하여 업무를 처리하고 있다. 거래내역, 인적사항, IP, 텔레뱅킹, 수표 관련 자료는 바로 처리가 가능하나, 전표는 해당지점에 의뢰하여, 자료를 회신 받아 경찰에 제공하고 있다.

(3) 전표 보관방식

모든 전표는 해당 점포에서 보관하고 있으며, 법정보존기간인 5년이 경과하면 폐기를 하고 있기 때문에 5년이 지난 전표는 확인할 수 없다. 다만 본점 차원에서 현재 스캔작업을 추진 중이다.

(4) 실시간 거래내역 제공 여부

하나은행의 경우 SMS서비스를 기능이 없어, 실시간 자료를 제공받을 수 없다.

(5) 대여금고

일부 점포에서 대여금고를 운영하고 있고, 특별한 조건 없이 고객의 약정에 의해 금고를 대여하고 있다. 그리고 대여금고 개설여부는 본점 금융거래정보 제공팀에서 전산상으로 확인이 가능하다.

(6) 특정점포 관리계좌

본점에서 모든 거래내역을 조회할 수 있으므로 별도 특정점포 관리계좌는 없다.

(7) 참고 사항

하나은행의 경우 전표 스캔작업을 준비 중이고, 올해 시점으로 2006년도 전표가 보관되어 있어서 2006년도 전표부터 작업을 할 경우 전산자료로 보관되어 있을 가능성이 있으므로 이를 확인해 볼 필요가 있다.

13. 우리은행

(1) 은행의 특징 및 은행계좌번호의 특징

우리은행의 특징 및 은행계좌번호의 특징은 다음과 같다.

- 여.수신업무 및 신용카드업무, 대출업무 등 모든 업무를 취급하고 있는 은행이다.
- 우리은행은 본점에 소속된 수신센터에서 모든 금융거래정보제공 업무를 담당하고 있다.(대출신청서등 대출관련 서류도 취급)
- 우리은행 계좌는 구 상업은행, 구 한일은행, 구 평화은행 계좌와 통합된 신계좌로 구분되며 그 특징은 아래와 같다.

1) 구 상업은행 계좌

계좌번호는 총 11자리로 구성되며, 계좌번호의 조합이 3자리-2자리-6자리로 구분되어 있는 것이 특징이며, 앞에 3자리가 영업점 번호이다.

2) 구 한일은행계좌

계좌번호는 총14자리로 구성되며, 계좌번호의 조합이 3자리-6자리-2자리-3자리고 구분되어 있는 것이 특징이며, 앞에 있는 3자리는 영업점 번호이다.

3) 구 평화은행계좌

계좌번호는 총13자리로 구성되며, 계좌번호의 조합이 3자리-2자리-5자리-3자리로 구분되어 있는 것이 특징이며, 앞에 3자리는 영업점 번호이다.

4) 통합된 신계좌

신 계좌번호는 총13자리로 구성되며, 계좌번호의 조합이 4자리-3자리-6자리로 구분 되어 있는 것이 특징이며, 앞에 4자리는 계정과목을 나타내는데 일반 보통예금의 경우 대부분 1002로 시작된다.

(2) 경찰의 영장 집행 후 은행이 관련 자료제공을 할 때까지의 처리 과정

우리은행의 경우 수신센터에서 일괄 접수를 받아 금융거래정보제공 담당자에게 배당하여 거래내역, 인적사항, IP, 텔레뱅킹 자료는 직접 처리하고, 수표, 전표, 대출서류는 해당지점에 수신센터에서 직접 의뢰하여 자료를 회신 받아 경찰에 제공하고 있다.

(3) 전표 보관방식

모든 전표는 해당 점포에서 작성된 다음날 본점에서 스캔 작업 후 집중 문서고에 보관하고 있다. 표 실물은 법정보존기간인 5년이 경과하면 폐기를 하기 때문에 5년이 지난 전표 실물을 직접 확인할 수 없다.

(4) 실시간 거래내역 제공 여부

고객에게는 SMS서비스를 제공하고 있으나, 경찰에게는 제공하지 않고 있다. 추후 협의가 필요한 사항이다.

(5) 대여금고

일부 점포에서 대여금고를 운영하고 있고, 모든 대여금고에 대한 전산화 작업이 이루어져 있어 수신센터에서 대여금고 개설여부 및 금고 내 출입기록 여부를 확인할 수 있다.

(6) 특정점포 관리계좌(secret account, 시크릿 계좌)

우리은행은 특정지점에서만 거래가 가능하고 본점 및 지점장만 거래내역이 열람 가능한 시크릿(secret) 계좌가 있으나, 압수할 물건에 시크릿(secret)계좌를 기재해 주면 본점 수신센터에서 거래내역을 제공 받을 수 있다.

14. 씨티은행

(1) 은행의 특징 및 은행계좌번호의 특징

씨티은행의 특징 및 은행계좌번호의 특징은 다음과 같다.
- 여·수신업무 및 신용카드업무, 대출업무 등 모든 업무를 취급하고 있는 은행이다.
- 씨티은행은 본점에 소속된 업무지원센터에서 모든 금융거래정보제공 업무를 담당하고 있다.

제4장 - 금융기관 업무처리 개요

- 씨티은행 계좌는 총 13자리고 구성되며, 계좌번호의 조합이 3자리-5자리-3자리-2자리로 구분되어 있는 것이 특징이다.

(2) 영장집행 후 자료제공 처리과정

씨티은행의 경우 업무지원센터에서 일괄 접수를 받아 금융거래정보제공 담당자에게 배당하여 거래내역, 인적사항, IP, 텔레뱅킹, 수표 관련 자료 및 전표 등 모든 금융거래정보를 담당자가 처리 후 경찰에 제공하고 있다.

(3) 전표 보관방식

모든 전표는 본점에서 일괄 스캔하여 보관하고 있으며, 스캔작업은 2009년부터 이루어지고 있으므로 본점에 요청하여 전표를 확인할 수 있다. 그리고 법정문서 보존기간인 5년이 경과한 전표는 용역업체 서고에 옮겨 추가로 5년간 더 보관 후 폐기하므로 이를 요청하면 확인이 가능하다.

(4) 실시간 거래내역 제공 여부

고객에게는 SMS서비스를 제공하고 있으나, 경찰에게는 제공하지 않고 있다. 추후 협의가 필요한 사항이다.

(5) 대여금고

씨티은행의 경우 각 지점에서 대여금고를 모두 운영하고 있으며, 전산화 작업이 되어 있어 본점에서 대여금고 개설여부를 확인 할 수 있다.

(6) 특정점포 관리계좌

없다.

15. 새마을 금고

(1) 은행의 특징 및 은행계좌번호의 특징

새마을금고의 특징 및 은행계좌번호의 특징은 다음과 같다.

- 새마을금고는 새마을금고법에 의해 일정 회원을 모집하고 출자가 이루어지면 행정안전부장관의 인가를 받아 해당지역의 주된 사무소 소재지에 설립등기를 함으로써 설립이 가능하기 때문에 대부분 새마을금고는 각기 다른 회원으로 구성된 별도 조직이며, 전국에 1,400여개 금고가 있고, 각 금고에서 여·수신업무 및 대출업무 등 모든 업무를 취급 하나, 독단적으로 수표 발행을 할 수 없으며, 최근에는 카드회사와 제휴하여 신용카드 업무도 취급하고 있다.

- 새마을금고 연합회는 금융기관이 아닌 별도 법인으로 설립된 새마을금고에서 출자하여 조직된 단체일 뿐으로 연합회에는 금융거래정보제공 담당자가 존재하지 않고, 해당 점포에 직접 영장을 제시하고 금융거래정보를 제공 받아야 한다. (단, 연합회에 영장을 집행하면 전국 새마을금고에 전자팩스로 송부하기만 한다.)
- 새마을금고 계좌는 구 계좌와 신 계좌 구분되며 그 특징은 아래와 같다.

1) 구 계좌번호

구 계좌번호는 총 13자리로 구성되며 계좌번호의 조합이 4자리-4자리-4자리-1자리로 구분되어 있는 것이 특징이다.

2) 신 계좌번호

신 계좌번호 역시 총 13자리로 구성되며 계좌번호의 조합이 4자리-2자리-6자리-1자리로 구분되어 있는 것이 특징이다.

(2) 영장집행 후 자료제공 요청과정

새마을금고 연합회는 통상 경찰에서 새마을금고연합회에 영장을 제시하면, 연합회에서 해당 조합 즉 통장을 개설한 점포를 확인한 후 그 점포에 영장을 재송부하는 역할만하고, 계좌개설지인 해당 점포의 금융거래정보제공 담당자가 금융거래정보를 경찰에 제공하고 있다.

(3) 전표 보관방식

모든 전표는 해당 점포에서 5년간 보관 후 폐기하도록 되어 있기 때문에 해당 점포에 영장을 제시하여 전표를 확인해야 하며, 5년이 지난 전표는 통상 폐기하나 점포에 따라 몇 년 더 보관 할 수 있으므로 각 해당점포를 통해 확인해야 한다.

(4) 실시간 거래내역 제공 여부

고객에게는 SMS서비스를 제공하고 있으나, 경찰에게는 제공하지 않고 있다. 추후 협의가 필요한 사항이다. 그리고 새마을금고는 대여금고 및 비밀계좌를 운영하지 않고 있다.

(5) 참고 사항

- 새마을금고연합회는 금융기관이 아니므로 금융거래정보를 경찰에 제공할 수 없다. 그러므로 계좌번호가 특정된 경우에는 연합회를 통해 계좌번호를 전화로 문의하여 개설점포를 확인한 후, 해당 점포에 직접 영장을 제시하여 자료를 요구해야 하고, 특정인 명의로 개설된 새마을금고 계좌를 알고자 할 때에는 대상자 연고지 주변의 새마을금고에 개별 집행할 필요가 있다.

제4장 - 금융기관 업무처리 개요

- 5년이 경과된 전표의 경우 점포에 문의하여 직접 실물이 보관되어 있는지 여부를 확인해야 한다.
- 2008. 2월경부터 새마을금고도 자기앞수표를 발행할 수 있도록 변경되었다.
- 새마을금고는 같은 생활권, 경제권 내에 있는 사람들을 회원으로 구성하여 일정한 조건을 갖추면 설립이 가능하므로 특정 단체나 기업을 상대로 수사를 할 때 별도로 설립된 새마을금고가 있는지 여부를 확인할 필요가 있다.
- 새마을금고는 원칙적으로 회원을 상대로 여수신 업무와 대출업무를 하게 되어 있으나 회원에게 피해가 가지 않는 범위 내에서 일반인도 사용할 수 있다.

16. 신용협동조합

(1) 은행의 특징 및 은행계좌번호의 특징

신용협동조합의 특징 및 은행계좌번호의 특징은 다음과 같다.

- 신용협동조합은 신용협동조합법에 의해 조합의 공동유대에 소속된 30인 이상의 발기인이 정관 작성 후 일정한 조건을 거쳐 금융위원회의 인가를 받아 설립하고, 조합원을 상대로 여.수신 업무 및 대출업무를 취급하고 있으며, 전국에 950여개의 조합이 있다.
- 신협은 조합원을 상대로 여.수신 업무 및 대출업무를 하는 것이 원칙이나 비조합원을 상대로 일부 여수신업무 및 대출업무를 취급하며, 2008. 8. 1.부터 신협 독단적으로 자기앞수표를 발행하는 것이 가능하다. 다만, 인근의 제1금융권의 신협 계좌로부터 수표를 지급받아 사용하는 경우도 있다.
- 신용협동조합 중앙회는 금융기관이 아닌 별도 목적의 비영리 법인일 뿐이므로 금융거래정보제공 담당자가 존재하지 않고, 중앙회를 통해 계좌개설점포를 확인한 후 해당 조합에 직접 영장을 제시하고 금융거래정보를 제공받아야 한다.
- 다만, 본점에 영장 집행을 하면 본점에서 해당 지점에 영장을 송부하기도 하므로, 관련 점포를 알지 못하는 경우는 신협 본점에 영장을 집행하는 것도 가능하다.
- 신협의 계좌번호는 조합마다 다르게 생성하므로 계좌번호 조합에 특징이 없다.

(2) 영장집행 후 자료제공 처리과정

신용협동조합 중앙회를 통해 계좌개설 조합을 확인 후 해당 조합에 영장을 제시하면 조합내 금융거래정보제공 담당자가 금융거래정보를 경찰에 제공하고 있다.

(3) 전표 보관방식

모든 전표는 해당 조합에서 5년간 보관 후 폐기하도록 되어 있기 때문에 해당 조합에 영장을 제시하여 전표를 확인해야 하며, 5년이 지난 전표는 통상 폐기하나 조합마다 다르므로 이를 확인해야 한다.

(4) 실시간 거래내역 제공 여부

현재 시스템이 개발되지 않아 제공 받을 수 없다. 그리고 신용협동조합은 대여금고 및 비밀계좌는 운영하지 않고 있다.

(5) 참고 사항

- 신용협동조합 역시 조합 명의로 자기앞수표를 발행할 수 없고, 주거래은행 (1금융권) 명의로 자기앞수표를 발행하고 있으므로, 발행인 명의만 보고 수표 발행지점을 확인할 경우 실제 수표발행점포를 확인하지 못하는 경우가 있다. 따라서 해당은행에 의뢰하여 수표가 실제로 지급된 점포를 확인해야 한다.
- 조합의 경우 일정 수의 조합원이 구성되고 출자가 이루어지면 인가가 가능하므로 종교단체, 병원 등과 같은 공동유대 관계가 있으면 조합을 설립할 수 있으므로 단체나 법인을 상대로 조사할 경우 신용협동조합이 있는지 여부를 확인할 필요가 있다.

17. 경남은행

(1) 은행의 특징 및 은행계좌번호의 특징

경남은행의 특징 및 은행계좌번호의 특징은 다음과 같다.
- 경남은행은 창원에 본점을 두고 있는 지역은행으로 일반 여수신업무와 대출업무, 신용카드 업무를 취급하고 있다.
- 경남은행의 경우 본점 고객지원센터에서 모든 금융거래정보제공 업무를 담당하고 있다.
- 경남은행의 계좌는 총12자리로 구성되며, 계좌번호의 조합이 3자리-2자리-7자리로 구분되어 있는 것이 특징이다.

(2) 영장집행 후 자료제공 처리과정

본점 고객지원센터에서 일괄 처리하며, 전산자료를 제외한 전표와 수표 실물은 해당 점포에 의뢰 후 이를 회신받아 경찰에 제공하고 있다.

(3) 전표 보관방식

모든 전표는 해당 점포에서 5년간 보관 후 폐기하며, 스캔작업은 하지 않기 때문에 5년이 경과된 전표는 확인할 수 없다. 전표를 요구할 경우에는 본점에 의뢰해도 무방하나, 본점 역시 지점을 통해 회신받기 때문에 해당지점에 요구하는 것이 빠르다.

(4) 실시간 거래내역 제공 여부

자료를 제공 받을 수 없다.

(5) 대여금고

일부 지점에 대여금고가 있으며, 전산화 작업이 되어 있어 본점에 요구하면 이를 제출 받을 수 있다.

(6) 특정점포 관리계좌

특정점포에서만 거래 할 수 있는 계좌는 있으나, 본점에서 모든 계좌의 거래내역을 조회할 수 있기 때문에 특별히 관리되는 비밀계좌는 없다.

18. 전북은행

(1) 은행의 특징 및 은행계좌번호의 특징

전북은행의 특징 및 은행계좌번호의 특징은 다음과 같다.

- 전북은행은 전북 전주에 본점을 두고 있는 지역은행으로 일반 여·수신업무와 대출업무, 신용카드 업무를 취급 하고 있다.
- 전북은행의 경우 본점에서 일부 금융거래정보제공 업무를 담당하고, 일부는 해당점포에서 처리하고 있다.
- 전북은행의 경우 전북지역에서 개설된 계좌와 서울지역에서 개설된 계좌가 다르게 구성되어 있으며, 그 특징은 다음과 같다.

1) 전북지역에서 개설된 계좌번호

첫 3자리가 501로 시작되며, 총 12자리로 구성되어 있는 것이 특징이다.

2) 서울지역에서 개설된 계좌번호

첫 3자리가 401, 402, 408 등 3가지만으로 시작되며 총 12자리로 구성되어 있는 것이 특징이다.

(2) 영장집행 후 자료제공 처리과정

본점 업무지원센터에서는 거래내역, 고객정보조회, IP, 텔레뱅킹 등 전산자료는 직접 처리하여 경찰에 제공하나, 전표와 수표 등 실물을 확인할 경우는 해당 점포에 직접 의뢰해야 한다.

(3) 전표 보관 방식

모든 전표는 해당 점포에서 5년간 보관 후 폐기하는 것을 원칙이다. 통상 10년 정도 전표를 보관하다가 폐기하고 있으며, 별도 스캔작업은 하지 않고 있다.

(4) 실시간 거래내역 제공 여부

자료를 제공 받을 수 없다

(5) 대여금고

본점 영업부에 대여금고가 설치되어 있으므로 영장을 집행할 때 영업부에 의뢰하여 개설 여부를 경찰에 통보해주고 있다.

(6) 특정점포 관리계좌

특정점포에서만 거래할 수 있는 계좌는 있으나, 본점에서 모든 계좌의 거래내역을 조회 할 수 있다.

19. 광주은행

(1) 은행의 특징 및 은행계좌번호의 특징

광주은행의 특징 및 은행계좌번호의 특징은 다음과 같다.

- 광주은행은 광주에 본점을 두고 있는 지역은행으로 일반 여·수신업무와 대출업무, 신용카드 업무를 취급하고 있다.
- 본점에서 일부 금융거래정보제공 업무를 담당하고, 일부는 해당점포에서 처리하고 있다.
- 광주은행의 계좌는 총12자리로 구성되어 있으며, 특별한 계좌번호 체계는 없다.

(2) 영장집행 후 자료제공 처리과정

광주은행의 경우 본점에서는 거래내역, 고객정보조회, IP, 텔레뱅킹 등 전산자료는 직접 처리하여 경찰에 제공하나, 전표와 수표 등 실물을 확인할 경우 해당 점포에 의뢰해야 한다.

(3) 전표 보관방식

모든 전표는 해당 점포에서 5년간 보관 후 폐기하며, 전표를 요구할 경우 해당 점포에 직접 영장을 집행해야 한다.

(4) 실시간 거래내역 제공 여부

실시간 시스템이 개발되어 있지 않다.

(5) 대여금고

본점 영업부 및 상무지구, 목포·순천지점 등에서 대여금고가 운영되고 있으며, 본점에 의뢰하면 개설여부를 확인 할 수 있다.

(6) 특정점포 관리계좌

특정점포에서만 거래 할 수 있는 계좌는 있으나, 본점에서 모든 계좌의 거래내역을 조회할 수 있다.

20. 제주은행

(1) 은행의 특징 및 은행계좌번호의 특징

제주은행의 특징 및 은행계좌번호의 특징은 다음과 같다.

- 제주은행은 제주특별자치도에 본점을 두고 있는 지역은행으로, 일반 여·수신업무와 대출업무 그리고 신용카드 업무를 취급 하고 있다.
- 본점에서 모든 금융거래정보제공 업무를 담당하고 있다.
- 제주은행의 계좌번호는 총 10자리로 구성되며, 계좌번호의 조합이 2자리-2자리-6자리도 구분되어 있는 것이 특징이다.

(2) 영장집행 후 자료제공 처리과정

본점 금융거래정보제공 담당자가 거래내역, 고객정보조회, IP, 텔레뱅킹 등 전산자료와 전표, 수표 등 모든 금융거래정보를 직접 처리한 후 경찰에 제공하고 있다.

(3) 전표 보관방식

모든 전표는 해당 점포에서 5년간 보관 후 폐기한다.

(4) 실시간 거래내역 제공 여부

실시간 시스템이 개발되어 있지 않다.

(5) 대여금고

본점 영업부 및 10개 지점에 대여금고가 설치되어 있으므로 영장 집행시 본점에 의뢰를 하면 개설 여부를 확인할 수 있다.

(6) 특정점포 관리계좌

해당사항 없다.

21. 기업은행

(1) 은행의 특징 및 은행계좌번호의 특징

기업은행의 특징 및 은행계좌번호의 특징은 다음과 같다.
- 여.수신업무 및 신용카드업무, 대출업무 등 모든 업무를 취급 하고 있는 은행이다.
- 기업은행은 본점에 소속된 업무지원부에서 모든 금융거래정보제공 업무를 담당하고 있다.(대출신청서등 대출관련 서류는 각 해당점포에서 취급)
- 기업은행 계좌는 일반 계좌와 고객의 요구에 의해 개설되는 평생계좌로 구분되며 그 특징은 아래와 같다.

1) 일반계좌

계좌번호는 총 14자리로 구성되며, 계좌번호의 조합이 3자리-6자리-2자리-3자리로 구분되어 있는 것이 특징이다. 앞에 3자리가 지점번호이다.

2) 평생계좌

평생계좌는 고객의 요청에 의해 고객의 휴대폰이나 기타 요구하는 번호를 이용 8자리에서 10자리 사이로 임의번호를 부여하는 계좌이므로 계좌조합의 특징상 앞 3자리가 휴대폰번호, 기타 다른 번호가 들어가는 경우가 있어 계좌번호 조합상의 특징이 없다.

(2) 영장집행 후 자료제공 처리과정

기업은행의 경우 본점 업무지원부에서 거래내역, 고객정보조회, IP, 텔레뱅킹 등 전산자료와 전표, 수표 등 모든 금융거래정보를 직접 처리 후 경찰에 제공하고 있다.

제4장 - 금융기관 업무처리 개요

(3) 전표 보관방식

기업은행의 경우 2005년도부터 전표 BPR작업(스캔)을 위해 해당점포에서 본점으로 이관하며, 본점에서 일괄 보관하고 있다. 보존기간은 5년이지만 기업은행은 10년이 지나면 폐기를 하기 때문에 5년이 지난 전표의 경우도 기업은행 업무지원부에 요구를 하면 된다.

(4) 실시간 거래내역 제공 여부

고객의 요청에 의해 SMS서비스를 제공하고 있으나, 경찰에는 제공하지 않는다.

(5) 대여금고

대여금고를 운영하고 있는 점포가 전국에 있으며, 전산화 작업이 되어있어, 본점 업무지원부에 문의하면 개설 여부를 확인할 수 있다.

(6) 특정점포 관리계좌

특정 점포에서만 입출금이 가능한 계좌가 있지만, 본점에서 거래내역을 확인할 수 있다.

22. NH농협은행(과거 농협중앙회), 지역 농·축협 (과거 단위조합, 현재 농협중앙회)

(1) 은행의 특징 및 은행계좌번호의 특징

NH농협은행의 특징 및 은행계좌번호의 특징은 다음과 같다.

- NH농협은행은 일반 은행과 같이 여·수신업무 및 신용카드업무, 대출업무 등 모든 업무를 취급하고 있다.
- 과거 농협중앙회는 현재 NH농협은행(농협은행)으로 명칭이 바뀌었으며, 과거 지역 농·축협(단위조합)은 현재 농협중앙회로 명칭이 바뀌었다.
- 농협이 새로 개편이 되어 NH농협은행과 지역 농·축협(통상 '단위농협')으로 구분되어 있으며, NH농협 IT본부에서는 압수수색할 장소에 "NH농협 및 지역.농축협"까지 표기하면 지역 농·축협(단위조합)의 계좌 거래내역까지 조회할 수 있다. 단, 명의인의 동의에 의해 계좌거래내역을 제공받으려고 하는 경우, 명의인의 계좌가 단위조합은행인 경우 인근의 '단위농협' 지점에 방문하여야 한다.
- NH농협은행의 경우 전산자료(계좌거래내역, CIF 등)외의 전표, 수표사본 등은 본점 중앙업무지원센터 금융거래정보제공 담당자가 일괄담당하고 있다. 그리고 전표를 압수하고자 하는 때에는 NH농협 중앙업무지원센터로 집행하거나 보관점포에서 직접 영장을 집행하면 된다.
- NH농협은행 계좌의 경우 신 계좌와 구 계좌 그리고 조합에서 개설된 계좌로 구분된다.

1) 구 계좌

총 11자리로 구성되며, 계좌번호의 조합이 3자리-2자리-6자리로 구분되어 있는 것이 특징이며, 첫 3자리는 통장을 개설한 점포의 코드번호이나 간혹 점포 코드번호가 4자리인 경우도 있다.

2) 신 계좌

총 13자리고 구성되며, 계좌번호의 조합이 3자리-4자리-4자리-2자리로 구분되어 있는 것이 특징이다.

3) 지역 농·축협 계좌

지역 농·축협(단위조합) 계좌는 총 14자리로 구성되며, 계좌번호의 조합이 6자리-2자리-6자리고 구분되어 있는 것이 특징이나 조합번호를 확인할 수 없어서 NH농협은행 업무지원센터나 일반 시중 NH농협은행에 문의하여 해당 조합을 확인해야 한다.

(2) 영장집행 후 자료제공 처리과정

NH농협은행 중앙업무지원센터에서 접수를 받아 처리하는 금융거래정보제공은 NH농협은행 소속 은행의 계좌거래내역, 고객정보조회표, 스캔 처리된 농협 전표 등 전산자료만 직접 경찰에 제공한다. 지역 농·축협 전표 실물과 수표 실물 등의 자료는 해당조합으로 영장을 제시하여 해당조합 또는 NH은행 담당자로부터 자료를 직접 회신 받아야 한다.

(3) 전표보관방식

모든 전표는 해당점포에서 보관하고 있다. 5년 이상 된 전표를 직접 확인하기 위해서는 거래가 발생한 해당점포에 직접 영장을 제시 후 보관여부를 확인해야 한다.

(4) 실시간 거래내역 제공 여부

고객의 요청에 의해 SMS서비스를 해 주고 있으나 경찰에 제공하는 것은 불가능 하다.

(5) 대여금고 운영여부 및 운영방법

IT본부에서는 중앙농협 및 단위농협에 개설된 대여금고 현황을 전산조회가 가능하다.

(6) 특정점포 관리계좌

해당사항 없음

제5장 금융계좌추적용 압수영장 작성방법

금융계좌영장 작성에 있어서 사안별로 자금추적에 필요한 적정한 자료를 가급적 구체적으로 압수할 물건에 기재하여야 한다.

1. 개관

(1) 필요 최소한도의 범위 내에서 압수할 물건 기재

계좌영장 작성에 있어 일선에서 가장 많은 우를 범하는 부분이 실제 수사에 필요가 없음에도 불구하고 기존에 작성되어 있는 영장작성례를 그대로 활용하여 불필요한 내용까지 압수하겠다고 영장에 기재한다는 점이다. 즉, 계좌영장은 금융실명법에 의해 보호하려고 하는 개인의 금융거래정보를 금융기관을 통해 압수하는 것이다. 경우에 따라서는 개인의 금융거래정보를 확인함으로써 개인의 프라이버시까지 침해할 수도 있으므로 반드시 필요 최소 한도의 범위 내에서 압수할 물건을 기재하여야 함이 의미한다.

실무적으로도 금융기관에서는 경찰의 무분별한 자료요청에 따라 경찰에 통상 제공하는 범위의 자료를 한정하기도 한다. 실례로 종전 CIF자료를 요청할 경우 개인의 여·수신내역 또는 은행거래현황(당해 금융기관에 개설된 계좌번호 및 잔고)까지 포함된 자료를 제공하기도 하였으나, 최근에는 CIF자료 요청을 할 경우 개인의 인적사항 및 연락처로 한정하여 자료를 제공하고 있다.

❖ 불필요한 압수물건 기재 사례

불필요한 압수물건 기재 사례는 다음과 같다.

- 차명 또는 도용계좌 여부를 확인하기 위해 필적감정, 지문감식 목적의 예금거래신청서를 압수하는 것이 아니라 단순히 계좌주인(계좌주)의 인적사항을 확인할 목적이 있을 뿐인데도 불필요하게 예금거래신청서를 기재하는 경우

- 금전차용사기에 있어 피해자로부터 피해금을 계좌로 이체 받은 경우, 그 자금을 차용목적대로 사용하였는지 여부를 확인할 필요가 있을 뿐으로 '직후로 연결된 계좌에 대한 CIF'만으로도 충분함에도 종전의 작성례에 따라 '직전·직후로 연결된 계좌의 CIF'까지 기재하는 경우

- 인터넷 물품 소액사기 사건에 있어서, 통상 피해자들이 계좌이체를 통해 물품구매 대금을 송금하는 것이 일반적인데도, 범행에 이용된 계좌에 입금된 수표까지 압수하겠다고 기재하는 경우 등이다.

(2) 계좌번호·주민번호 등 오탈자 확인

계좌영장의 경우 계좌번호, 주민번호 등 숫자가 많이 언급되어 이를 잘못 기재하는 경우가 있다. 영장 작성 이후 또는 팀장·과장 등 결재과정에 있어서 잘못 기재한 번호가 없는지 재차 확인하도록 한다.

☞ 여기서 잠깐

영장작성 후 다음사항은 반드시 점검
- 주민번호 오기여부(가급적 영장에 기재된 주민번호를 그대로 '온나라조회'하여 당사자가 맞는지 확인)
- 법인계좌 추적에 있어 법인등록번호가 아닌 사업자등록번호를 기재하였는지(법인계좌 개설시 법인등록번호 및 사업자등록번호 모두 기재하기는 하나, 금융기관은 법인의 식별번호를 '사업자등록번호'로 사용하고 있다. 이에 따라 수사대상 법인 명의의 계좌 거래내역 일체를 요구하는 내용의 계좌영장에 있어서 법인등록번호를 기재하면 자료회신이 곤란함을 유의)
- 계좌번호·수표번호 오기여부
- 특정된 수표추적시 발행일자, 발행금융기관, 액면금, 수표번호 등이 빠짐없이 기재되어 있는지(일선에서는 발행금융기관 및 수표번호만 있으면 수표가 특정된 것으로 오인하는 경우가 있는데, 수표번호는 통상 5년마다 반복되고 있어 발행일자가 없으면 수표추적이 불가능하다).
- 거래내역을 압수하는 경우, 거래기간을 특정하였는지 여부 및 특정한 경우라도 지나치게 광범위하지는 않은지 여부(특정 거래시점이 있는 경우, 전후 1개월까지는 포함시켜도 무방)

(3) 작성요령

현재 계좌영장은 KICS 서식에 의해 작성하도록 되어 있다. 그런데 KICS의 서식에 의해 영장을 작성하는 경우 '표'나 '그림'이 삽입되지 않아 애로사항이 있다. 이에 따라, 실무적으로 압수수색대상자 또는 추적대상계좌가 많은 경우에는 별도로 계좌영장 별지 서식을 한글파일로 작성한 뒤 KICS의 '붙임' 기능을 이용하는 것이 용이하다.

또한, 실제 계좌영장을 팩스로 송부하는 방식으로 집행하는 경우에는 압수수색영장 표지 및 압수할 물건만 송신하여야 불필요한 수사정보의 유출을 방지할 수 있으므로, 별지로 서식을 작성하는 경우에도 '압수를 필요로 하는 사유'는 페이지를 달리하여 작성하는 것이 좋다.

한편 계좌영장청구서에서 압수할 물건의 기재 방식에 대한 질문과 이에 대한 모범답변 사례를 살펴보면 다음과 같다.

제5장 - 금융계좌추적용 압수영장 작성방법

> **질문있습니다!**
>
> Q : 계좌영장 신청서를 보면 '대상계좌'에 '거래정보 등'을 기재하게 되어 있고, 그 밑에 '압수할 물건'을 또 기재하게 되어 있는데, 어떻게 기재하는 것이 좋은가요?
>
> A : 본래 계좌영장의 '거래정보 등'에 기재해야 할 것은 금융기관이 보유하고 있는 금융거래정보로써, 계좌거래내역 및 연결계좌의 CIF 등을 확인하려고 하는 경우 '계좌거래내역, 연결계좌의 CIF' 등을 기재하여야 하고, '압수할 물건'에는 위와 같은 거래정보를 확인하기 위해 압수해야 할 자료를 기재하는 것으로 개념상은 상이하나 실지로는 동일한 것이라고 할 수 있습니다.
>
> 그래서 좌측 작성 예시와 같이 '거래정보 등의 내용'에는 "아래 압수할 물건 기재와 같음" 이라고 기재하고, 압수할 물건을 별지로 작성하는 것이 편리합니다.
>
> 특히, 계좌영장을 팩스로 집행시에 '압수를 필요로 하는 사유'가 금융기관에 함께 제공되어 수사기밀이 유출되는 것을 방지하기 위해 별지의 순서를 ①계좌명의인(개설은행점 계좌번호, 거래기간은 계좌명의인 옆에 병기), ②압수할 물건, ③압수수색할 장소(금융기관 목록), ④압수를 필요로 하는 사유 順으로 작성하는 것이 좋습니다.
>
> ※ 실제 팩스 송신시에도 영장표지 및 ①계좌명의인, ②압수할 물건만 송부하여도 집행이 가능함(압수할 장소는 다툼이 있는 경우, 예컨대 계좌영장을 접수받은 금융기관에서 자신들의 금융기관이 영장이 포함되어 있는지 확인을 요구하는 경우에 송부)

한편 압수수색영장청구서의 샘플을 보면 다음과 같다.

<그림 5-1> 압수수색영장청구서

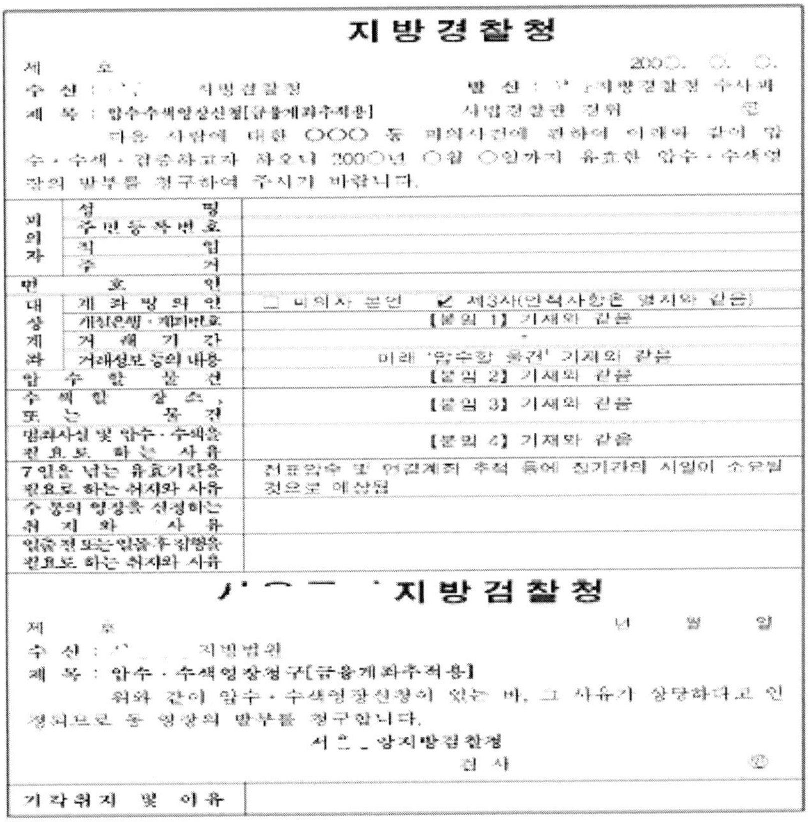

또한 아래의 그림은 압수/수색/검증영장 관리에 대한 샘플을 보여주고 있다. 접수번호, 대상자 구분 그리고 상세내역 등을 기록하도록 구성되어 있다.

<그림 5-2> 압수/수색/검증영장 관리 사례

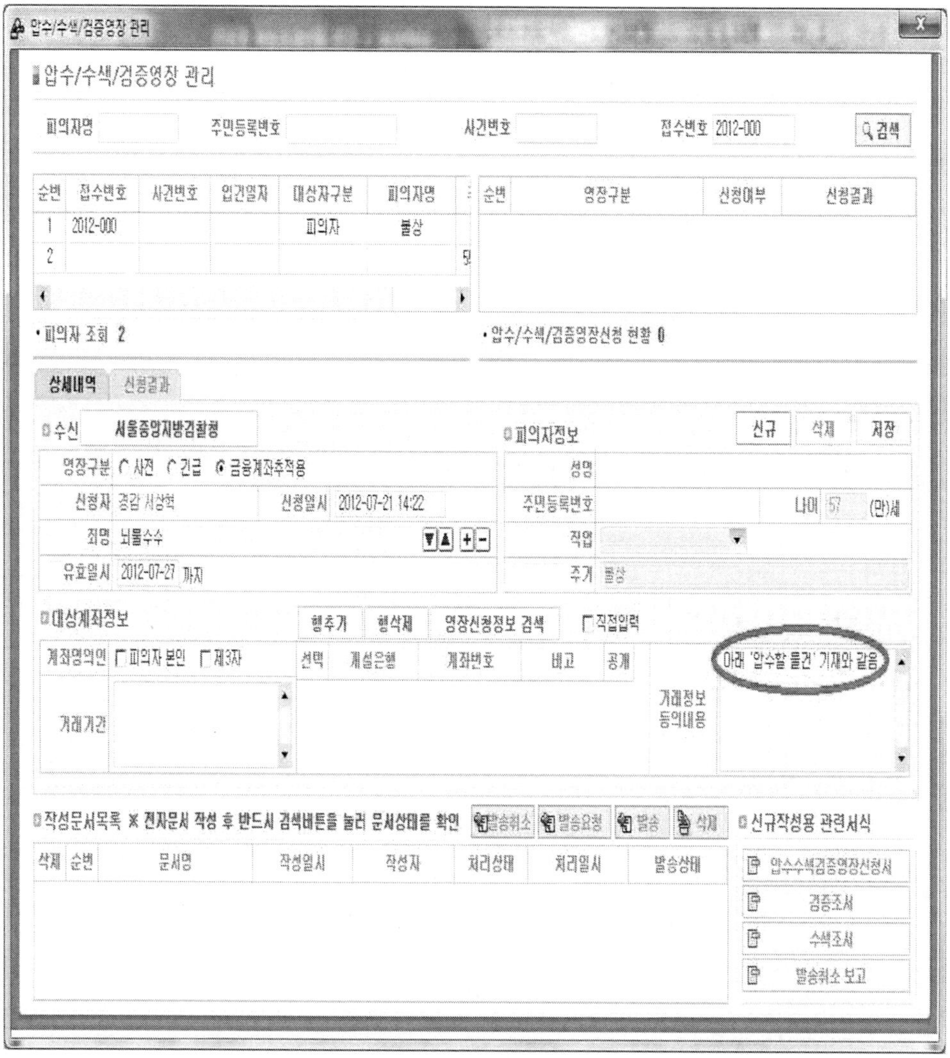

(4) 추적대상 금융기관

계좌영장 집행에 있어 추적대상 금융기관은 앞에서 살펴본 금융실명법 및 시행령상의 금융기관에 해당한다. 단순히 특정 계좌번호에 대한 계좌주의 인적사항을 알기 위한 계좌영장의 경우에는 해당 계좌의 개설은행만 추적대상 금융기관으로 선정하여도 충분하다. 그러나 연결계좌 추적, 특정인 명의로 개설된 모든 계좌의 거래내역을 압수하기 위해서는 추적대상 계좌와 거래가 있을 것으로 예상되는 금융기관을 모두 선정할 필요가

제5장 - 금융계좌추적용 압수영장 작성방법

있다. 특히 새마을금고·신협의 경우에는 추적대상자의 주거지·사무실 등 연고지 주변의 새마을금고 및 신협지점을 일일이 특정하여 추적대상 금융기관에 포함시켜야 한다.

실무에서 자주 쓰이는 금융기관 목록을 붙임과 같이 정리하였는데, 이를 계좌영장의 '압수·수색할 장소'에 그대로 활용하여도 된다. 또한 경우에 따라서는 증권사·저축은행·신용카드사 등도 포함시킬 수 있다.

<표 5-1> 주요 12개 금융기관만을 압수·수색할 경우

연번	금융기관	담당부서	전화	팩스
1	국민은행	업무지원센터	02-6450-8806~13	02-6450-8800
2	IBK기업은행	업무지원부	02-3425-4129	0502-276-0010
3	신한은행 (구.조흥은행통합)	업무지원팀	02-2151-7431~2	02-776-8195 02-777-4977
4	외환은행	수신지원팀	02-729-0866	02-729-0718
5	SC은행	정보시스템부	02-3433-2719~20	02-3433-2662
6	하나은행 (구.서울은행통합)	금융정보제공팀	02-3788-5050	1688-1857
7	한국씨티은행	업무지원센터	02-731-8457	02-732-2221
8	우리은행	수신센터	02-3151-2789, 2793	02-3432-5759
9	NH농협 및 지역 농·축협	IT본부 및 업무지원센터	02-2059-3171	02-2059-4351
10	우정사업본부 (우체국)	정보센터	02-450-2463	02-450-2209 02-450-2470
11	수협중앙회	고객지원부	02-2240-3233	02-2202-3068
12	HSBC	업무지원부	02-2004-0285	02-6716-0218
13	압수할 물건이 보관된 아래 금융기관 각 점포(보관창고 포함) 및 본점 전산부(전산센터 포함). 다만, 위 압수할 물건을 보관하고 있는 금융기관이 인수·합병·폐지되었을 경우 그 금융기관을 인수·합병하거나 자료를 보관중인 금융기관 각 점포(보관창고 포함) 및 본점 전산부(전산센터 포함)			

▸ 가장 일반적으로 거래하는 금융기관만을 선정하는 경우 사용

<표 5-2> 주요 21개 금융기관을 압수·수색할 경우

연번	금융기관	담당부서	전화	팩스
1	국민은행	업무지원센터	02-6450-8806~13	02-6450-8800
2	IBK기업은행	업무지원부	02-3425-4129	0502-276-0010
3	신한은행 (구.조흥은행통합)	업무지원팀	02-2151-7431~2	02-776-8195 02-777-4977
4	외환은행	수신지원팀	02-729-0866	02-729-0718
5	SC은행	정보시스템부	02-3433-2719~20	02-3433-2662
6	하나은행 (구.서울은행통합)	금융정보제공팀	02-3788-5050	1688-1857
7	한국씨티은행	업무지원센터	02-731-8457	02-732-2221
8	우리은행	수신센터	02-3151-2789, 2793	02-3432-5759
9	NH농협 및 지역 농.축협	IT본부 및 업무지원센터	02-2059-3171	02-2059-4351
10	한국산업은행	KDB다이렉트실	02-787-7425	02-787-5195
11	우정사업본부 (우체국)	정보센터	02-450-2463	02-450-2209 02-450-2470
12	수협중앙회	고객지원부	02-2240-3233	02-2202-3068
13	대구은행	영업지원부	053-740-2935	053-740-6926
14	부산은행	BPR센터	051-669-8775	051-608-5012
15	광주은행	개인영업전략부	062-239-5231	062-239-5239
16	제주은행	고객지원부	064-720-0262	064-753-4132
17	전북은행	영업지원부	063-250-7331	063-250-7332
18	경남은행	고객지원센터	055-290-8508	055-290-8599
19	HSBC	업무지원부	02-2004-0285	02-6716-0218
20	신협중앙회 및 지점	전자팀	042-720-1334	042-720-1340
21	새마을금고중앙회 및 지점	사업지원부	02-2145-9114	02-2145-9965
22	압수할 물건이 보관된 아래 금융기관 각 점포(보관창고 포함) 및 본점 전산부(전산센터 포함). 다만, 위 압수할 물건을 보관하고 있는 금융기관이 인수.합병.폐지되었을 경우 그 금융기관을 인수.합병하거나 자료를 보관중인 금융기관 각 점포(보관창고 포함) 및 본점 전산부(전산센터 포함)			

▶ 대구은행 등 지방소재 금융기관 추적 필요시 사용
▶ 신협중앙회의 경우 특정인 명의로 개설된 계좌개설 확인시 거래내역은 제공하지 않지만, 개설점포는 구두상으로 제공하므로 특정인 명의 계좌추적시 신협중앙회에 계좌영장을 집행하여 개설점포 확인 후 개설점포에 재차 계좌영장 집행가능
▶ 새마을금고중앙회는 금융기관이 아니므로 영장기재 사항을 압수하기는 곤란하나, 연결계좌 추적시 새마을금고 개설 계좌추적을 위해 포함시켜 놓는 것이 바람직하다.

<표 5-3> 추적대상자 연고지 주변 새마을금고·신협을 포함시킬 경우

연번	금융기관	담당부서	전화	팩스
1	국민은행	업무지원센터	02-6450-8806~13	02-6450-8800
2	IBK기업은행	업무지원부	02-3425-4129	0502-276-0010
3	신한은행 (구.조흥은행통합)	업무지원팀	02-2151-7431~2	02-776-8195 02-777-4977
4	외환은행	수신지원팀	02-729-0866	02-729-0718
5	SC은행	정보시스템부	02-3433-2719~20	02-3433-2662
6	하나은행 (구.서울은행통합)	금융정보제공팀	02-3788-5050	1688-1857
7	한국씨티은행	업무지원센터	02-731-8457	02-732-2221
8	우리은행	수신센터	02-3151-2789, 2793	02-3432-5759
9	NH농협 및 지역 농·축협	IT본부 및 업무지원센터	02-2059-3171	02-2059-4351
10	한국산업은행	KDB다이렉트실	02-787-7425	02-787-5195
11	우정사업본부 (우체국)	정보센터	02-450-2463	02-450-2209 02-450-2470
⋮				
15	광주은행	개인영업전략부	062-239-5231	062-239-5239
16	제주은행	고객지원부	064-720-0262	064-753-4132
17	전북은행	영업지원부	063-250-7331	063-250-7332
18	경남은행	고객지원센터	055-290-8508	055-290-8599
19	HSBC	업무지원부	02-2004-0285	02-6716-0218
20	새마을금고 월동지점			
21	새마을금고 정동지점			
22	신협 신월동지점			
23	신협 신정동지점			
24	압수할 물건이 보관된 아래 금융기관 각 점포(보관창고 포함) 및 본점 전산부(전산센터 포함). 다만, 위 압수할 물건을 보관하고 있는 금융기관이 인수·합병·폐지되었을 경우 그 금융기관을 인수·합병하거나 자료를 보관중인 금융기관 각 점포(보관창고 포함) 및 본점 전산부(전산센터 포함)			

▶ 추적대상자 연고지 주변 새마을금고·신협 등 제2금융권을 미리 파악하여 추적대상 금융기관 목록에 포함 한다.

한편 아래의 내용은 일선에서 자주 사용되는 계좌영장의 작성례이다. 이를 그대로 참고하기 보다는 사안에 따라 적절히 응용하도록 한다.

2. 영장 작성 례

(1) 기본유형 [피의자 인적사항 및 입금여부를 특정하기 위한 기본영장]

《사례》1

박○○는 네이버 중고나라 카페에서 중고카메라 '캐논 EOS-60D'를 80만원에 구매해 주겠다는 친구 정○○의 말을 믿고, 정○○가 알려준 정○○명의의 우리은행 123-456147-789 계좌로 2012. 6. 7. 80만원을 인터넷뱅킹으로 송금하였다. 그러나 정○○는 돈을 받은 사실이 없다며 카메라를 구매해 주지 않자, 박○○가 정○○ 상대로 고소장 제출

▶ 계좌추적의 목표 : 우리은행 123-456147-789 계좌의 인적사항 및 입금내역 확인

위 사례의 경우 돈을 입금 받은 피의자가 피해자로부터 돈을 입금 받은 사실을 전면 부인하고 있으므로, 돈이 입금된 계좌의 예금주와 입금 여부만 확인하면 되는 경우로, 계좌추적 영장 중 가장 기본적인 사례라고 할 수 있다.

1) 영장 작성시 주의할 점

영장을 필요로 하는 사유에는 "피해자가 2012.6.7. 우리은행 계좌(123- 456147-789)로 80만원을 입금 하였다고 주장하나, 피의자는 돈을 받은 사실을 부인하고 있어, 사실관계 확인을 위함"라는 식으로 간단하게 그 사유만 소명하면 된다.

2) 압수할 물건

압수할 물건에는 "우리은행 123-456147-789" 계좌에 대한 ① 고객정보조회표(CIF),

② 2012.6.1.부터 2012.6.30.까지의 입.출금 거래내역(연결계좌번호, 인터넷뱅킹(IP), 텔러뱅킹 내역 제공 포함) 이다.

3) 압수수색장소는

압수수색장소는 다음과 같다. 즉 우리은행 본점(전산부 포함), 압수할 물건을 보관하고 있는 해당점포이다.

한편 회신 받은 금융거래자료를 확인하는 방법은 다음과 같다. 즉 영장을 집행 후 회신 받은 ① CIF로 계좌의 예금주가 피의자가 맞는지 확인하고, ② 계좌거래내역으로 2012.6.7.에 피해자가 80만원을 입금한 사실이 있는지를 확인하면 된다.

제5장 - 금융계좌추적용 압수영장 작성방법

☞ **여기서 잠깐 !!!**

피의자의 인적사항과 특정인의 입금내역만 확인하면 되는 사례의 경우 불필요한 입·출금 전표, 예금거래신청서, 수표발행내역, 자기앞수표 사본, 마이크로필름 등은 영장에 기재하는 것이 결코 바람직하지 않다.

(2) 기본유형 [직전계좌를 통한 다수의 피해자 특정을 위한영장]

《사례》 2

피의자 김진○는 2010.2월경 평소 알고 지내던 친구 박민○에게 이온정수기 판매사업을 하는데 돈을 투자하면 투자원금의 10%를 매달 이자로 지급 할테니 돈을 빌려 달라고 거짓말 하여 2010.2.중순경 400만원을 피의자 명의 농협 147-547-123 계좌로 교부받았다. 하지만 2010. 12월 경 부터 이자가 지급되지 않았고, 이를 이상하게 여긴 피해자가 계속 추궁을 하자, 2011.2.경 피의자는 피해자에게 정수기 투자금 명목으로 수십명으로부터 돈을 받은 후 이를 개인적으로 모두 탕진 했다는 이야기를 듣고, 피의자를 경찰에 고소하였다. 피의자는 혐의사실을 모두 시인하고, 위 계좌의 통장을 제출 하였으나, 돈을 입금한 사람이 누구인지 알 수 없다고 하여, 계좌추적을 통해 피해자를 확인하고자 한다.

▶ 계좌추적의 목표 : 농협 147-547-123 계좌의 거래내역 중, 입금자 확인

위 사례는 피의자가 여러명의 피해자로부터 돈을 입금 받은 후 모두 개인용도로 탕진한 사실은 시인하지만, 투자내역을 기재해둔 장부를 확보하지 못해 피해자가 특정되지 않고, 피의자가 제출한 통장에는 입금자의 이름만 기재되어 있어, 계좌추적을 통해 누가, 언제, 얼마를 입금했는지를 확인하기 위한 것으로, 연결계좌인 직전 계좌를 확인하는 기본적인 사례이다.

한편 영장 작성시 주의할 점은 다음과 같다.

1) 영장을 필요로 하는 사유

혐의사실을 인정하는 피의자의 진술을 간략하게 거론 후 "피해금액과 피해자를 특정할 수 없어, 피의자가 돈을 입금 받는데 사용한 농협계좌의 입·출금 거래내역을 통해 피해자 및 피해금 등을 특정하기 위함"이라고, 기재하면 된다.

2) 거래기간

통상 범죄일 직전 30일 전부터 직후 30일까지 정도까지 기간을 정하는 것은 범행일 이전과 이후에 추가로 발생한 피해가 있는지 여부를 확인하기 위함이다.

3) 압수할 물건

"NH농협은행 147-547-123" 계좌에 대한 ① 고객정보조회표(CIF), ② 2012.1.1.부터 2011.2.28.까지의 입.출금거래내역(연결계좌번호, 인터넷뱅킹(IP), 폰뱅킹 내역 제공포함), ③ 위 계좌의 입금자원과 직전으로 연결

된 계좌의 CIF, ④ 입.출금 전표만 기재 등이다.

4) 압수수색장소

"NH은행 본점(IT본부 포함)및 압수할 물건을 보관하고 있는 각 해당은행 본점(전산부 포함) 및 각 영업점(장소는 별도은행 명단 참조)" 등이다.

한편 추적대상 계좌는 '농협'계좌이지만 입금자원과 직전으로 연결된 계좌 즉 돈을 입금한 상대방은 농협, 국민, 신한, 우리 등 다양한 금융기관에서 개설된 계좌를 사용할 수도 있고, 새마을금고, 신협 등 2금융권에서 무통장 입금을 할 수도 있다. 이에 따라 원칙적으로 직전연결계좌 추적시에는 시중 주요은행이 망라된 표와 같이 압수·수색할 장소를 기재하여야 한다(필요시에는 제2금융권, 증권사, 저축은행도 표기할 수 있음).

5) 영장 유효기간

"입금자원의 직전 계좌가 수개이고, 입금자를 확인하는데 많은 시일이 소요되므로" 라는 사유를 기재 후 유효기간을 30일 정도로 기재하면 된다.

그리고 영장 집행시 주의할 점은 다음과 같다.

❖ 영장집행시 통보유예기간

본 사례의 경우에는 피해자 특정을 위한 것이므로 영장집행시 통보유예기간은 기재하지 않는 것이 바람직하다. 대부분 영장 집행 시 아무런 사유 없이 통보유예기간에 '3개월에서 6개월'을 기재하는데, 이번 사례의 경우는 피해자를 특정하고 피해자 조사를 받아야 하므로 영장에 기재된 '통보유예기간'은 작성할 필요가 없다. 유예기간을 기재하지 않으면 은행에서 자료회신과 동시에 고객에게 통지서를 발송하게 되고, 피해자가 은행 통지를 받고 경찰에 확인전화를 하게 되므로, 오히려 수사에 도움이 되기 때문이다.

한편 회신 받은 금융거래내역을 확인하는 방법은 다음과 같다. 즉 영장을 집행 후 회신 받은 ① CIF로 "계좌의 예금주가 피의자가 맞는지 확인"하고, ② 계좌거래내역으로 범죄기간 동안 입금내역을 확인, 입금자의 계좌번호와 입금계좌 개설은행을 정리 후, 입금자가 거래한 은행에 영장을 2차로 집행, "입금자원과 직전으로 연결된 계좌의 CIF"를 요구하여, 피해자의 인적사항과 연락처를 확인하면 된다. ③ 입금자원이 무통장 입금일 경우는 돈이 입금된 은행점포를 확인 후 거래가 발생한 해당은행에 영장을 재차 집행, 입금전표를 요구, 입금자를 확인하면 된다. 그리고 입금내역을 분석 하고, 영장을 2차 집행하는 과정은 다음 사례에서 설명하기로 한다.

(3) 고급유형 [직전, 직후 연결계좌와 자금(수표) 추적까지 원하는 경우]

고급유형 [직전, 직후 연결계좌와 자금(수표) 추적까지 원하는 경우] 에 관한 실제사례를 살펴보면 다음과 같다.

제5장 - 금융계좌추적용 압수영장 작성방법

《사례》 3

자칭 김이사로 호칭하는 김창○는 의료기기 판매업을 한다며 2010. 2월 부산 해운대구 ○○텀오피스텔 201호에서 불특정 다수인을 상대로 사업설명회를 개최하여, 1구좌당 100만원을 매월 불입하면 최소 연12%의 확정이자를 줄 수 있다며 자신의 사업에 투자할 것을 권유하였다. 피해자 박수○은 김이사의 말을 믿고 2010. 3월~10월간 800만원을 농협 401234-12-345678 계좌로 송금하였으나, 2010.10.경부터 이자가 지급되지 않고, 김이사와 연락이 되지 않자, 2011. 2.경 지인을 통해 알아본바, 김이사가 통장에 입금된 돈을 모두 탕진한 사실을 알고, 같은 피해를 당한 조희○등 5명과 연명으로 자칭 김이사인 김창○를 고소 하였다. 하지만 피의자는 경찰조사에서 수신된 투자금인 대략 30억원 정도이고, 투자금은 모두 의료기 사업에 투자했다고, 진술하고 있어, 사건담당자는 정확한 피해규모 및 자금의 사용처를 확인하기 위해 농협 401234-12-345678 계좌의 거래내역을 파악하고자 한다.

▶ 계좌추적의 목표

- 농협 401234-12-345678 계좌의 거래내역을 확인하여 피해자를 특정하고 피해자로부터 교부받은 돈을 어떻게 사용하였는지 알고자 할 때

위 사례는 사기 및 유사수신 행위로 판단되고, 피해자가 다수이고, 피의자가 돈을 어디에 사용했는지 불명확한 경우로, 앞에서 언급했던 두 가지 사례의 영장은 피해자와 피해금액은 특정할 수 있으나, 자금의 사용처를 확인 할 수 없기 때문에 추가로 다시 영장을 발부 받아야 하는 번거로움이 있다. 따라서 최초 영장을 받을 때 직전(입금계좌), 직후(출금계좌)까지 추적 가능한 영장을 발부 받기 위한 사례로서 이를 알고 응용할 줄 알면 수사에 많은 도움이 될 것이다. 이번 사례는 실제 영장 작성례를 들어 1차 집행과 2차 집행, 그리고 3차 집행을 구분하여 설명하고자 한다.

<표 5-4> 압수·수색·검증영장청구 [금융계좌추적용]

○○지방경찰청[고급형 작성례]

제 호 2000. 3. 1.
수 신 : ○○지방검찰청 발 신 : ○○지방경찰청
제 목 : 압수·수색·검증영장신청[금융계좌추적용] 사법경찰관 경위 ㊞

다음 사람에 대한 사기 등 피의사건에 관하여 아래와 같이 압수·수색·검증하려 하니 2000년 3월30일까지 유효한 압수·수색·검증영장의 발부를 청구하여 주시기 바랍니다.

피의자	성명	○ ○ ○
	주민등록번호	○○○○○○ - ○○○○○○○
	직업	불상
	주거	부산 남구 대연동 000-0 ○○아파트 00동 0000호
변호인		
대상계좌	계좌명 인	■ 피의자 본인 ■ 제3자
	개설은행. 계좌번호	지역농협 4000001-50-109020
	거래기간	2010. 1. 1 ~ 2011. 2. 28까지
	거래정보등의 내용	아래 압수할 물건의 내용과 같음
압수할 물건		【붙임 1】 기재와 같음
수색. 검증할 장소, 또는 물건		【붙임 3】 기재와 같음
범죄사실 및 압수·수색. 검증을 필요로 하는 사유		【붙임 2】 기재와 같음
7일을 넘는 유효기간을 필요로 하는 취지와 사유		많은 양의 금융거래가 있을 것으로 예상되고, 그 관련 금융거래 자료에서 파생될 금융거래의 자료가 다수일 것으로 예상되는 등 추적에 상당한 시일을 필요로 함.
둘 이상의 영장을 신청하는 취지와 사유		
일출전 또는 일몰후 집행을 필요로 하는 취지와 사유		

○○지방검찰청

제 호 2000년 월 일
수 신 : ○○지방법원
제 목 : 압수·수색.검증영장청구[금융계좌추적용]

위와 같이 압수·수색.검증영장신청이 있는 바, 그 사유가 상당하다고 인정되므로 동 영장의 발부를 청구합니다.

○○지방검찰청
검 사 ㊞

기 각 취 지 및 이 유	

【붙임 1】

□ 압수할 물건

1. 대상계좌에 대한 2010. 1. 1.부터 2011. 2. 28.까지 입·출금거래내역(연결계좌번호, 인터넷·텔레뱅킹 제공 포함), 입·출금 전표, 예금거래신청서, CIF(개설된 전체계좌 포함)
2. 대상계좌의 입·출금 자원과 직전·직후로 연결된 계좌의 CIF
3. 대상계좌의 출금거래내역과 관련된 직후 계좌의 예금거래신청서, 출금전표, 자기앞수표 사본, 자기앞수표 발행의뢰서 및 자기앞수표 지급내역에 관한 전산자료 등 금융거래 자료 및 정보
4. 대상계좌에서 발행된 자기앞 수표가 현금으로 교환되거나 계좌에 입금되었을 경우
   - 지급 제시인의 고객정보,
   - 입금계좌의 CIF 및 입금전표
   - 그 수표와 함께 교환되거나 입금된 다른 수표가 있을 경우 그 수표의 사본 및 자기앞수표 발행의뢰서 및 발행계좌의 CIF 또는 발행인의 인적사항
5. 대상계좌에서 발행된 자기앞수표를 발행자원으로 하여 또 다른 자기앞수표가 발행되었을 경우
   - 자기앞수표발행의뢰서, 재발행된 자기앞수표의 지급내역 전산자료, 재발행된 자기앞수표의 사본, 위 4.항 기재사항
   - 추적하는 수표 외 다른 수표가 같이 제시 되어 재발행 되었을 경우
   ① 같이 제시된 수표의 사본
   ② 그 자기앞수표의 발행의뢰서와 발행계좌의 CIF
   - 발행된 수표의 사본
   - 지급내역에 관한 전산자료

【붙임 2】

□ 범죄사실

피의자 김창○는 직업 등 불상인자이다. 피의자는 2010. 2.경 부산시 해운대구 재송동에 있는 ○○사옥 2층 101호 사무실을 임대하고, 그 무렵 임대한 장소에서 불특정 다수인을 상대로 1구좌당 100만원을 매월 불입하면 최소 연 12%~최고 30%까지의 확정이자를 줄 수 있다는 의료기기 투자사업설명회를 개최하였다. 이에 속은 피해자 박수○로부터 2010. 3월~10월사이 8개월간 800만원을 농협 401234-12-345678계좌로 교부받는 등 다수의 피해자들로부터 금액 미상을 동 계좌로 교부받다가 2011. 2.경 도주하였다.

□ 압수·수색을 필요로하는 사유

피의자 김창○는 불특정 다수인을 상대로 사업설명회를 개최하고 1구좌당 100만원을 매월 입금하는 불특정

다수인에게 연 12%~최고 30%까지의 이자를 제공할 의사가 없었다는 것은 피해자 박수○이 8개월간 불입하였음에도 이자를 지급하지 않고 2012. 2월경 도주한 것으로 확인 되었고, 박수○의 진술에 의하면 이 외에도 다수의 피해자가 있다는 것으로 판단되므로, 박수○이 돈을 입금한 농협 401234-12-345678 계좌에 대한 입·출금거래내역을 확보하여 입금자원의 고객정보조회표를 통해 피해자 및 피해규모를 특정하고, 위 계좌에서 인출된 현금 및 자기앞수표 등의 자료를 추적하여 자금이 어떤 용도로 사용되었는지를 확인하고 피의자 김창○를 검거함은 물론 김창희 외에 추가공모한 자들이 있는지를 확인하기 위함으로, 피의자 김창○가 사업설명회를 개최한 시점인 2010. 1. 1.부터 피의자가 도주한 시점인 2011. 2. 28. 까지의 입·출금 거래내역 등 금융거래정보가 필요한 것임.

※ 압수수색을 필요로 하는 사유는 갈수록 중요해 지고 있다. 법원에서 영장을 발부할 때 가장 중요시 하는 것은 바로 영장을 필요로 하는 사유이다. 따라서 영장을 필요로 하는 사유를 기재할 때 혐의사실을 소명할 수 있는 자료와 필요성, 당위성을 구체적으로 명시 해줘야 한다.

【붙임 3】

연번	금융기관	담당부서	전화	팩스
1	국민은행	업무지원센터	02-6450-8806~13	02-6450-8800
2	IBK기업은행	업무지원부	02-3425-4129	0502-276-0010
3	신한은행(구.조흥은행통합)	업무지원팀	02-2151-7431~2	02-776-8195, 02-777-4977
4	외환은행	수신지원팀	02-729-0866	02-729-0718
5	SC은행	정보시스템부	02-3433-2719~20	02-3433-2662
6	하나은행(구.서울은행통합)	금융정보제공팀	02-3788-5050	1688-1857
7	한국씨티은행	업무지원센터	02-731-8457	02-732-2221
8	우리은행	수신센터	02-3151-2789, 2793	02-3432-5759
9	NH농협 및 지역 농.축협	IT본부 및 업무지원센터	02-2059-3171	02-2059-4351
10	한국산업은행	KDB다이렉트실	02-787-7425	02-787-5195
11	우정사업본부(우체국)	정보센터	02-450-2463	02-450-2209,02-450-2470
12	수협중앙회	고객지원부	02-2240-3233	02-2202-3068
13	대구은행	영업지원부	053-740-2935	053-740-6926
14	부산은행	BPR센터	051-669-8775	051-608-5012
15	광주은행	개인영업전략부	062-239-5231	062-239-5239
16	제주은행	고객지원부	064-720-0262	064-753-4132
17	전북은행	영업지원부	063-250-7331	063-250-7332
18	경남은행	고객지원센터	055-290-8508	055-290-8599
19	HSBC	업무지원부	02-2004-0285	02-6716-0218
20	신협중앙회 및 지점	전자팀	042-720-1334	042-720-1340
21	새마을금고연합회 및 지점	감독부	02-3459-9114	02-3459-9243
22	압수할 물건이 보관된 아래 금융기관 각 점포(보관창고 포함) 및 본점 전산부(전산센터 포함). 다만, 위 압수할 물건을 보관하고 있는 금융기관이 인수·합병·폐지되었을 경우 그 금융기관을 인수·합병하거나 자료를 보관중인 금융기관 각 점포(보관창고 포함) 및 본점 전산부(전산센터 포함)			

※ 도표에 작성된 금융기관의 전산실, 영업점포, 문서고에 압수할 자료가 보관된 경우가 있기 때문에 반드시 각 금융기관의 영업점 및 부속된 창고를 기재해야 한다.

제5장 - 금융계좌추적용 압수영장 작성방법

□ 영장 작성시 주의할 점

위 사례의 경우 피의자 A가 불특정다수인을 상대로 거짓으로 사업설명회를 개최한 이후 피해자들로부터 1구좌 당 매월 100만원씩을 입금 받아 편취한 후 도주한 사안이다.

1. 압수할 물건 기재시 주의할 점

(1) CIF 및 예금거래신청서, 입금내역을 요구하는 것은

① CIF로 피의자 김창○의 계좌가 맞는지 여부와 휴대폰번호 등 고객정보를 확인하고, ② 예금거래신청서는 피의자가 타인 명의로 차명계좌를 개설하였을 가능성이 있고, 피의자가 공범의 위임을 받아 개설하였을 가능성이 있어 이를 확인하기 위함이며, ③ 입금내역(입금전표 포함)과 입금자원인 직전 계좌의 CIF를 통해 피해규모와 피해자를 특정하기 위함이다.

☞ 여기서 잠깐!!!

압수계좌의 CIF에 전체계좌 개설내역을 포함한 이유는 피의자가 거래은행에 압수계좌 외에 다른 계좌를 개설한 사실이 있는지 여부를 확인하기 위한 것으로 영장에 반드시 "CIF 및 전체계좌 개설내역"을 기재해야 한다.

(2) 출금거래내역을 요청

출금거래내역을 요청하는 것은 다음과 같다. ① 피의자가 입금 받아 편취한 금액을 언제 어떠한 방법으로 출금하였는지 여부를 확인하고, ② 직후 계좌 즉 자금이 이체된 계좌를 확인하여 출금한 자금을 어떤 용도로 사용하였는지, 차명계좌에 은닉하지는 않는지 등을 확인하기 위함이다.

※ 입출금거래내역의 괄호 안에 ① 연결계좌라고 표기한 것은 거래내역 중 상대방에게 계좌 이체한 경우 상대은행 및 상대은행 계좌번호를 명시해 달라고 요청하는 것이고, ② 인터넷 및 텔레뱅킹을 표기한 것은 인터넷 및 텔레뱅킹을 하였을 경우 인터넷 IP주소 및 휴대전화 번호 등을 특정하기 위함이며, ③ 출금전표를 기재한 것은 현금과 대체출금의 경우 실제 현금으로 지급되었는지, 아니면 일부는 수표로 지급되었는지 여부와 현금 출금 후 그 즉시 타 계좌로 무통장 입금을 하였는지 여부를 확인하기 위함이다.

(3) 자기앞수표 발행내역 및 지급에 관한 전산자료를 요청

자기앞수표 발행내역 및 지급에 관한 전산자료를 요청하는 것은 압수계좌에서 발행된 수표내역과 그 수표의 지급제시 여부를 확인하여, 수표의 권종 및 사용처를 확인하기 위함이다.

(4) 압수계좌에서 발행된 자기앞 수표

압수계좌에서 발행된 자기앞 수표가 현금으로 교환되거나 계좌에 입금되었을 경우 같이 교환되거나 입금된 수표의 정보를 요구하는 것은, 수표가 ① 은행창구에서 다른 권종으로 재발행되거나, ② 타 수표와 함께 현금으로 교환되거나, ③ 타 수표와 함께 계좌에 입금되는 경우가 있어서 함께 교환되거나 입금된 수표의 발행의뢰서와 발행 계좌의 CIF를 확보하여 누구의 계좌에서 어떤 종류의 수표가 발행되었는지 여부를 확인 위함이다.

따라서 위자료 모두를 기재 해야만 1차 집행 후 그 결과를 토대로 2차, 3차 집행을 할 수 있다. 그리고 영장에 기재된 거래정보 등의 내용은 압수할 물건과 동일하므로 별도 기재를 하지 않고, "압수할 물건과 같음"이라고 기재하면 된다.

2. 영장 유효기간 작성시 주의할 점

위 사례와 같이 자금추적을 할 수 있는 영장을 신청할 경우 "금융거래자료 분석과 파생된 금융자료를 확인하는데 많은 시일이 소요 된다"라는 사유를 기재 후 30일정도의 유효기간을 명시 하면 된다. 그리고 1차 영장 집행 시 농협 계좌가 특정되어 있지만 피해자들이 거래한 상대계좌를 특정하기 위해 농협에서 제출 받은 입금내역을 분석 정리하는 동안 영장유효 기간이 도래하는 경우(검사나 판사가 유효기간을 7일 밖에 주지 않을 때)가 있기 때문에 이를 방지하기 위해서는 1차 집행할 때 별지 수색.검증할 장소에 기재 된 모든 금융기관에 영장을 집행하는 것이 바람직하다.

3. 1차 영장 집행 시 주의할 점

(1) 전산자료를 요구

아래와 같은 제공요구서를 이용 1차 집행 시 필요한 자료만 먼저 기재 후 해당은행 본점으로 팩스 송부하여 전산자료를 요구한다.

(2) 압수할 물건

압수할 물건 중 아래 제공요구서상의 자료만 요구한 것은, ① 먼저 계좌의 고객정보를 받아 차명계좌인지 피의자의 계좌인지 여부, ② 입금 거래내역을 정리하여 입금자원은 입금계좌 즉 직전계좌의 CIF를 받아 피해자를 특정, ③ 출금내역을 정리하여 확인할 필요가 있는 전표를 먼저 선별하기 위함이다. 그리고 1차 집행 시 압수수색영장에 기재된 모든 자료를 요구하거나, 1차 집행 후 같은 은행에 과거 집행한 영장을 근거로 추가 자료를 요구하는 경우가 있어, 은행직원과 종종 다툼이 발생한다. 1차 집행 시 영장에 기재된 모든 자료를 받을 수 없으므로, 반드시 자료를 선별하여 먼저 필요한 자료만 기재를 하고, 추가 자료가 필요할 경우에는 영장을 다시 집행하여 자료를 요구하는 것이 좋다.

제5장 - 금융계좌추적용 압수영장 작성방법

<표 5-4> 1차 영장 집행 시 제공요구서 작성 예시

금융계좌추적용 압수·수색영장(FAX 집행관련)
제공요구서(영장번호 : 제1234호- 1차)

수 신	영장(수색.검증할 장소) 참조
발 신	○○지방경찰청 수사과 수사2계 경사 이○○

요청(집행)일 : 2000. 03. 03(0요일)

☐ **요청내용**

농협 401234-56-789000 계좌에 대한

(1) 2000. 1. 1.부터 2000. 2. 28.까지 입·출금거래내역(연결계좌번호, 인터넷·텔레뱅킹 내역 제공 포함)

(2) 예금거래신청서

(3) CIF(개설 된 전체계좌 현황 포함)

| 공무원증 스캔 첨부 | 바쁘신 와중에도 경찰수사에 적극 협조해 주셔서 진심으로 감사드립니다. 회신은 아래 e-mail로 부탁드립니다. |
| | 사무실 : 051) 800-2000
전w화 : 010-0123-4567
팩w스 : 051) 800-0000
e-mail : ABCDEF@police.go.kr |

☐ 1차 영장 집행 후 그 자료를 근거로 2차 영장을 집행하는 방법

1. 입출금 거래내역 분석 방법

<그림 5-3> 계좌거래내역 원본(그림①)

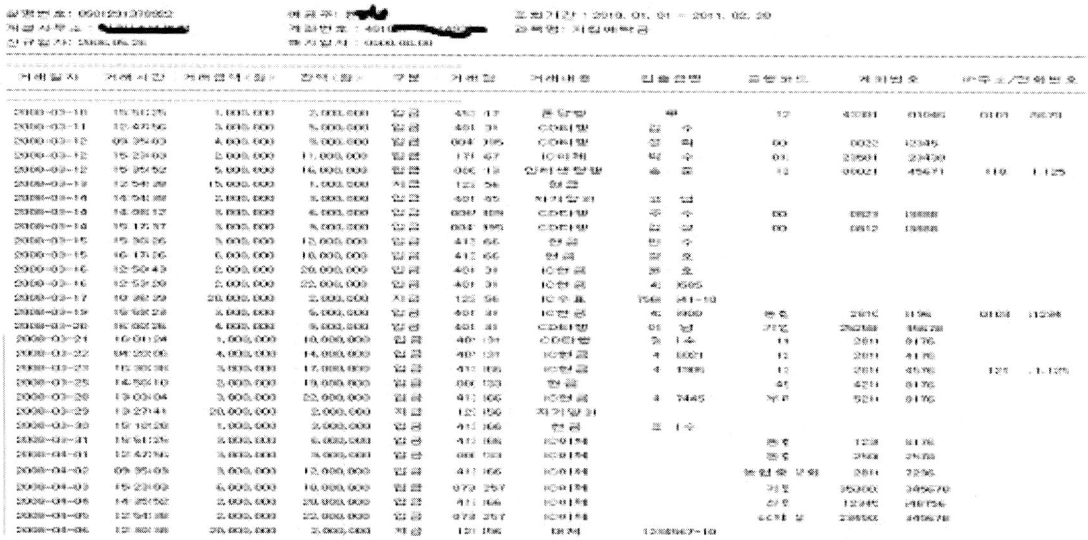

위 입·출금 자료는 지역농협에서 제출 받은 계좌의 거래내역이다. 이러한 계좌거래내역을 받으면 먼저, 입금(계좌이체 또는 무통장 입금)과 출금(계좌이체, 현금, 대체, 수표)을 아래와 같이 구분하여 2차 집행할 대상을 특정해야 한다.

<그림 5-4> 계좌거래내역 정리 분(그림 ②)

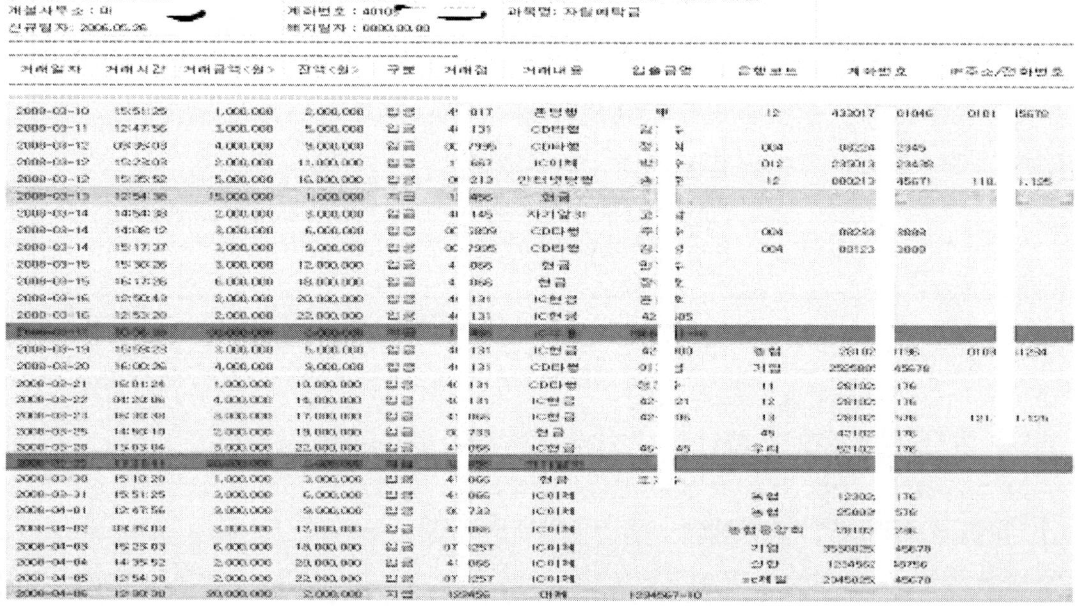

2. 영장 재 집행(2차) 방법

(1) 직전계좌에 대한 CIF요청 방법

위 계좌거래내역상 노란색으로 표기된 자원을 보면 거의 대부분이 100만원 단위로 입금 된 사실을 확인할 수 있고, 이는 대부분 피해자임을 알 수 있다. 따라서 피해자 인적사항 및 피해금액을 특정하기 위하여 ① 계좌이체 방식인 경우 직전계좌에 대한 CIF를 개설은행에, ② 현금 또는 수표 입금인 경우는 입금 전표를 거래은행에 요청해야 한다.

한편 직전 계좌의 CIF 요청시 주의할 점은 다음과 같다. 즉 노란색으로 표시 된 거래내역을 별도로 발췌한 문서를 제공요구서 뒤에 "반드시" 첨부하여야 한다. 참고로 거래내역이 많을 경우에는 상대은행을 특정(은행이 특정되지 않을 경우에는 1차 집행한 은행 '여기서는 농협'에 구두로 확인하는 방법과 은행코드를 통해 금융결재원과 은행 홈페이지에서 확인하는 방법이 있다) 한 후 각 은행 담당자와 전화통화 후 은행별로 엑셀파일을 정리하여 메일로 송부해 줘야한다.

(2) 직후계좌에 대한 자료요구 방법

① 출금 방식이 계좌이체로 표시된 경우

대상계좌에서 상대계좌로 자금이 이체되었을 경우에는 직전계좌의 CIF요구 방법과 같이 계좌를 특정한 후 해당은행에 직후 계좌의 CIF를 요구하면 된다.

② 출금방식이 현금.대체로 표시된 경우

위 그림②와 같이 파란색으로 표기된 자원을 보면 소액이 아닌 일정 기간에 많은 금액이 출금되었고, "입출금명"란에 현금, 대체로 기재된 것을 알 수 있다. 이는 피의자가 사용용도를 숨기기 위해 현금으로 인출한 것일 수도 있다. 하지만 현금이라고 표기되어 있어도, 현금 인출 즉시 다른 계좌에 입금을 하거나, 소액의 현금과 고액의 수표로 나누어서 출금했어도, "현금"이라고 기재되기 때문에 고액(일정금액 이상)의 경우에는 출금전표를 요청하여 피의자가 실제 현금을 전액 출금했는지 아니면 수표나 계좌이체를 하였는지 여부를 확인해야 한다.

대체의 경우도 일정금액의 현금을 지급 받고 나머지 금액을 수표로 발행하거나 다른 계좌에 입금을 한 경우가 대부분이므로 반드시 출금전표를 확인해야 하므로, 파란색으로 표시된 거래내역을 별도로 발췌한 문서를 제공요구서 뒤에 첨부 후 본점에 집행하면 각 영업점에 보관하고 있는 출금전표까지 모두 회신 받을 수 있다.

※ 출금전표 요구시 주의할 점

출금전표를 회신 받아 보면 현금과 함께 수표가 발행 된 경우가 있으므로 전표 요구시 "자기앞수표가 발행 된 내역이 있을 경우 자기앞 수표 발행내역 및 자기앞수표지급에 관한 전산자료 포함"을 기재하면 한 번에 모든 자료를 받을 수 있다.

③ 출금방식이 수표인 경우

위 그림②와 같이 빨간색으로 표기된 자원을 보면 2008.3.17. 거래내용에 IC수표, 입출금명란에 12345678-10이라고 기재되어 있고 20,000,000원을 출금한 내역이 있고, 2008.3.29 "자기앞31"란 내역과 함께 20,000,000원이 출금된 내역이 있다. 이는 자기앞 수표가 발행된 것이므로 해당은행에 수표발행의뢰서와 자기앞수표지급에 관한 전산자료를 요구해야 수표의 종류와 지급정보를 확인할 수 있다.

※ 수표에 관한 자료를 요구시 주의할 점

빨간색으로 표시 된 거래내역을 별도로 발췌한 문서를 제공요구서 뒤에 "반드시" 첨부하여야 한다. 다만, 수표, 자기앞수표 등 수표번호가 없을 경우에는 출금전표와 마찬가지로 지급점에 대한 은행코드를 금융결재원에서 확인하여 발행 영업점포에 직접 제시하는 방법도 있으나, 내역이 많을 경우에는 1차 집행한 은행에 모두 집행하면 된다.

※ 자기앞수표 관련 자료는 별도 "수표추적"에서 상세히 설명되어 있다.

<그림 5-5> 2차 영장 집행 시 제공요구서 작성 예시

금융계좌추적용 압수·수색영장(FAX 집행관련) 제공요구서(영장번호 : 제1234호- 2차)	
수 신	영장(수색검증할 장소) 참조
발 신	○○지방경찰청 수사과 수사2계 경사 이○○
요청(집행)일 : 2011. 03. 10(목요일)	

□ 요청내용
농협 401234-56-789000 계좌 입·출금거래내역(별지참조)에 대한
(1) 직전·직후 상대계좌에 대한 CIF(개설 된 전체계좌 현황 포함)
(2) 입출금전표(단, 출금전표에 수표가 발행된 내역이 있을 경우에는 해당 수표에 대한 자기앞수표지급내역 전산자료)
(3) '08. 3. 17일 '08. 3. 29일 발행 된 자기앞수표 지급내역 전산자료
   첨 부 : 입·출금거래내역서 1부.
          자기앞수표 정리내역 1부.	

공무원증 스캔 첨부	바쁘신 와중에도 경찰수사에 적극 협조해 주서서 진심으로 감사드립니다. 회신은 아래 e-mail로 부탁드립니다. 사무실 : 051) 800-2000 전 화 : 010-0123-4567 팩 스 : 051) 800-0000 e-mail : ABCDEF@police.go.kr

제5장 - 금융계좌추적용 압수영장 작성방법

☐ 1, 2차 영장 집행 후 3차로 영장을 집행하는 방법

1. 회신 받은 현금출금 전표 확인 방법

2010. 3. 13. 현금으로 15,000,000원 인출 된 내역의 출금전표를 확인한 바, 아래 전표와 같이 실제 현금은 5백만원이 출금되었고, 나머지 10,000,000원은 100만원권 수표 10장으로 발행된 것을 확인 할 수 있다.

<그림 5-6> 사진① 현금 전표 예

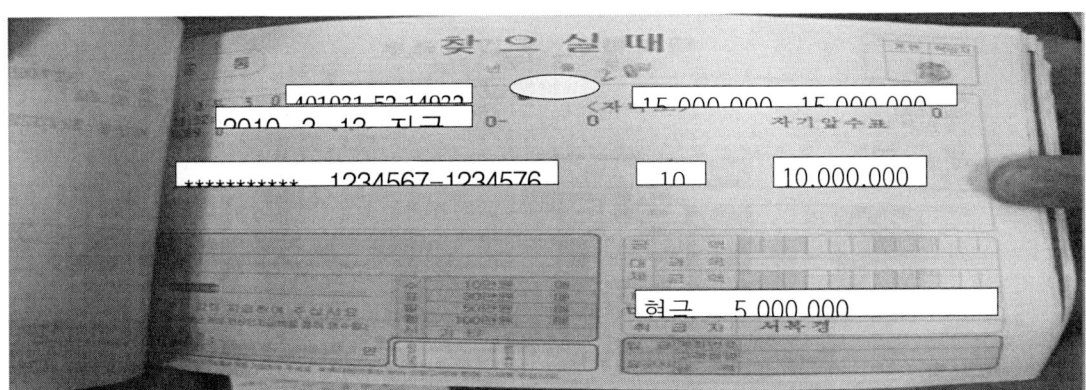

2차 집행시 이미 출금전표에 수표발행내역이 있을 경우 수표지급내역 전산자료를 요구하였기 때문에 아래 〈사진②〉와 같은 수표지급에 관한 전산자료를 보고 발행된 수표의 사용자를 추적해야 한다.

<그림 5-7> 사진② 수표지급에 관한 전산자료의 예

수표번호 상태	수표금액	발행점 지급점	발행일자 지급일자	발행가입번호 지급가입번호	성인번호 지급구분	수납점 보관청	수표사고내용 사고신고처실명번	사고등록사유 사고등록일자
75660541	1,000,000	721012	20100317	140812316	604811000003	004	348	
지급		001354	20100330	88	정보교환에 의한	019	302	
75660542	1,000,000	721012	20100317	140812316	604811000103	004	348	
지급		001354	20100401	88	정보교환에 의한	019	302	
75660543	1,000,000	721012	20100317	140812316	604811000044	004	348	
지급		001354	20100405	88	정보교환에 의한	019	302	
75660544	1,000,000	721012	20100317	140812316	604811000220	004	348	
지급		001354	20100401	88	정보교환에 의한	019	302	
75660545	1,000,000	721012	20100317	140812316	604811000081	004	348	
지급		001354	20100401	88	정보교환에 의한	019	302	
75660546	1,000,000	721012	20100317	140812316	604811000010	004	348	
지급		001354	20100406	88	정보교환에 의한	019	302	
75660547	1,000,000	721012	20100317	140812316	604811000001	004	348	
지급		001354	20100405	88	정보교환에 의한	019	302	
75660548	1,000,000	721012	20100317	140812316	604811000024	004	348	
지급		001354	20100405	88	정보교환에 의한	019	302	
75660549	1,000,000	721012	20100317	140812316	604811000001	004	348	
지급		001354	20100329	88	정보교환에 의한	019	302	
75660550	1,000,000	721012	20100317	140812316	604811000220	004	348	
지급		001354	20100329	88	정보교환에 의한	019	302	

2. 자기앞 수표 지급내역 확인 방법

2010. 3. 17. "입출금명" 란에 기재되어 있던 "12345678-10"에 대한 자기앞수표지급내역전산자료(수표조회내역)로 1,000,000원권 10매가 발행된 것임을 알 수 있다. 이를 근거로 발행된 수표의 최종 사용자를 확인하기 위해 영장을 재차 집행해야 한다. 한편 위 자기앞수표 지급내역서를 보는 방법은 "자기앞 수표추적방법"에 상세히 설명되어 있다.

3. 대체 전표 확인 방법

2010. 4. 6. 20,000,000원 출금한 아래 〈사진③〉대체전표를 확인한 바, 10,000,000원권 수표 1장과 현금 10,000,000원을 인출하였고, 그 중 현금은 부산은행으로 송금하였다. 따라서 직후 계좌인 부산은행 계좌의 CIF 및 10,000,000원권 수표에 지급내역을 확인 후 최종 사용자를 추적해야 한다.

<그림 5-8> 사진③ 대체 전표의 예

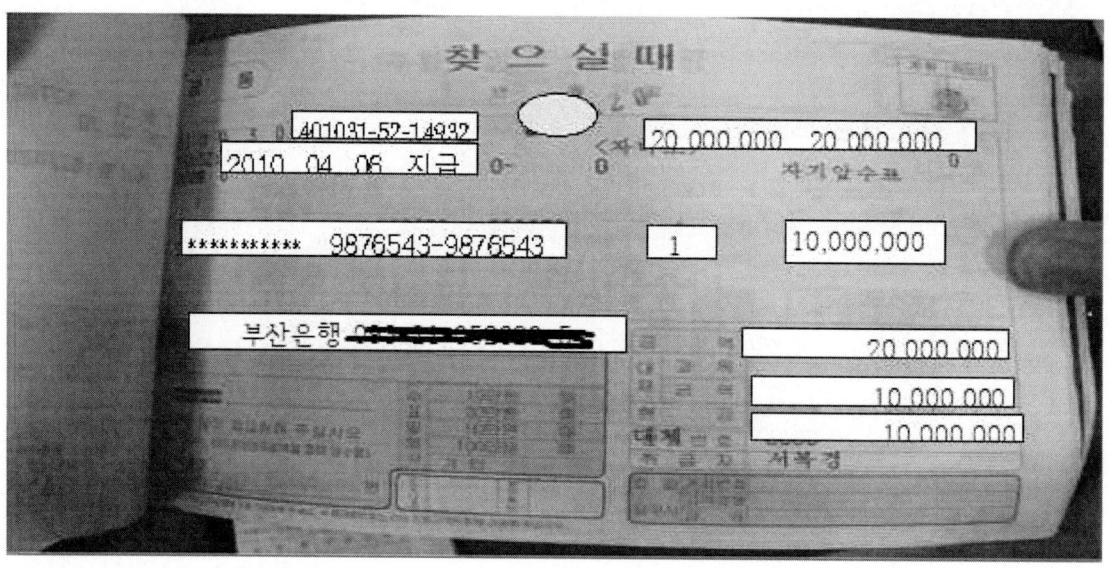

4. 영장 집행(3차) 방법

3차 집행은 2차 집행한 이후 회신 받은 자료를 근거로 하여 발행된 수표가 입금된 계좌, 지급제시인의 인적사항 등을 회신받는 단계로 흔히 말하는 실질적 자금흐름을 추적하는 것이다.

(1) 자기앞수표지급내역전산자료

2차 집행당시 회신 받은 자기앞수표지급내역전산자료에 따른 수표를 최종사용한 사람을 확인하기 위해 자기앞수표 사본(이면 포함), 지급제시인 인적사항, 입금전표, 입금계좌 및 CIF를 요구한다.

(2) 수표로 재발행 하는 경우

발행된 수표를 현금으로 교환 후 다른 수표로 재발행 하는 경우, 발행의뢰인이나 현금을 교환한 사람의 고객정보(전산자료)와 수표지급에 관한 전산자료를 요구해야 한다.

☞ **여기서 잠깐!!!**

고액 수표, 예를 들어 100,000,000원짜리 자기앞수표는 은행창구에서 현금으로 교환하기 어려움에도 현금교환으로 표기되는 경우가 있다. 이런 경우 주거래 고객의 요청에 의해 은행직원이 전표상 현금지급으로 처리하고, 소액권 자기앞수표로 재발행 해주었을 가능성을 배제할 수 없다. 따라서 수표 추적과정에 이러한 사례가 발견되면, 정확한 사실 확인을 위해 추가로 영장을 발부받아 수표가 교환지급 된 날의 해당점포 현금인수도부와 수표발행내역 그리고 교환지급 처리한 텔러의 전산거래내역을 확보하여, 실제 현금으로 교환되었는지 아니면 수표를 세탁하여 소액권을 재발행 하였는지 여부를 확인해 볼 필요가 있다.

"현금인수도부"란 은행 출납에서 매일 일정 금액을 창구에 있는 텔러에게 나눠주고, 텔러는 그 돈으로 입·출금 업무를 한다. 주의할 점은 텔러의 경우 10,000,000원 이상의 현금이 입금되면 대부분 사고예방을 위해 출납에 인계를 하게 된다. 따라서 위 사례와 같이 1번 텔러에게 수표를 제시하고, 1억원을 현금으로 교환을 요구하는 경우 1번 텔러는 현금을 가지고 있지 않기 때문에 출납에게 현금지급을 요구하고, 출납이 현금 1억원을 보유하고 있을 때 텔러에게 지급을 하게 된다. 이렇게 출납과 텔러간의 거래내역을 확인할 수 있는 것이 "현금인수도부"이다. 참고로 작은 점포의 경우 현금을 1억원이상 보유하지 않기 때문에 고액의 수표를 현금으로 교환할 경우 주 고객인 경우 대부분 고객에 요청에 의해 소액권의 수표로 재발행 해 준 후 현금으로 지급한 것으로 전산처리 하기 때문에 의심이 가면 현금인수도부를 확인해 볼 필요가 있다.

(3) 다른 수표와 함께 교환되거나 입금

압수계좌에서 발행된 수표가 아닌 다른 수표와 함께 교환되거나 입금이 된 경우 같이 입금된 수표의 사본 및 발행의뢰서, 지급내역에 관한 전산자료는 다음과 같다. 예를 들어 10,000,000원 권 수표가 있을 경우 이 수표를 또 다시 1,000,000권 10매 등으로 또 다른 자기앞수표가 발행되었을 경우 그에 대한 자기앞수표 지급내역 전산자료 및 수표의 제시정보, 동 수표 및 그 수표와 함께 입금된 수표의 입금전표를 요구하는 것은 10,000,000권 1장이 발행되어 제3자에게 지급된 것으로 되어 있으나 실제로는 10장이 추가 발행되어 10명에게 분산 입금될 수도 있기 때문에 요청하는 것이다.

※ 위 "1", "2", "3"항의 자료를 받기 위해서는 2차 집행당시 회신 받은 자기앞수표지급내역 전산자료 문서를 첨부하여 집행하거나 은행담당자와 전화통화를 하여 엑셀파일을 전송해주면 더 빨리 회신 받을 수 있다.

	금융계좌추적용 압수·수색영장(FAX 집행관련) 제공요구서(영장번호 : 제1234호 - 3차)
수 신	수신처 참조
발 신	○○지방경찰청 수사과 수사2계 경사 이○○

요청(집행)일 : 2011. 03. 15(화요일)

□ 요청내용

(1) 자기앞수표지급내역 전산자료(별지참조)에 따른
    자기앞수표 사본(이면 포함), 지급제시인 인적사항, 수표가 계좌에 입금되었을 경우 입금전표, 입금계좌 및 CIF(개설 된 전체계좌 현황 포함)
(2) 수표를 현금으로 교환한 경우 현금을 교환한 사람의 고객정보(전산자료), 교환시 다른 수표와 함께 교환되었을 경우 그 수표의 사본 및 자기앞수표 발행내역서와 발행계좌의 CIF
(3) 자기앞수표 지급내역전산자료 자료에 따른 수표를 발행자원으로 하여 또 다른 자기앞수표가 발행되었을 경우 수표지급내역 전산자료 및 수표사본, 재 발행된 수표가 타 계좌에 입금된 경우 입금계좌 및 계좌의 CIF(재발행된 수표와 같이 입금된 수표가 있을 경우 수표사본, 발행내역서, 발행계좌의 CIF 포함)

첨 부 : 은행별 자기앞수표지급내역 전산자료 1부.
수신처 : 우리은행(2건), 신한은행 길동지점(4건), 하나은행(3건)

공무원증 스캔 첨부	바쁘신 와중에도 경찰수사에 적극 협조해 주셔서 진심으로 감사드립니다. 회신은 아래 e-mail로 부탁드립니다.
	사무실 : 051) 800-2000 전 화 : 010-0123-4567 팩 스 : 051) 800-0000 e-mail : ABCDEF@police.go.kr

(4) 파생유형 [비자금 추적]

《사례》 4

건설회사 오빠건설(주) 대표이사 김만○는 도급업체 언니건설(주) 대표이사 권진○의 부탁에 의해 2012. 3. 2. 11억원을 허위의 세금계산서를 발행하고 11억원을 법인계좌 신한 789-456-123 계좌로 입금받은 뒤, 이를 일부는 오빠건설의 직원 김정○의 계좌로 이체하고, 나머지는 현금·수표로 인출하여 권진○에게 전달하였다는 첩보를 입수하였다. 사건담당자는 가급적이면 한 번의 영장으로 입금자원과 출금자원을 파악하고자 한다.

▶ 계좌추적의 목표
  - 첩보내용의 진위파악
  - 신한 789-456-123 계좌에 입·출금된 자원의 추적

□ 압수수색할 물건

1. 신한은행 789-456-123 계좌의 CIF, 위 계좌의 2012. 2. 1.~2012. 4. 30. 사이의 입·출금 거래내역

    ※ 거래기간을 특정함에 있어서 단순히 첩보 내용만을 신뢰하여 최소한으로 지정할 경우, 필요한 자료를 압수하지 못하는 경우가 있으므로 가급적 혐의거래 시점으로부터 전후 1개월 정도의 여유를 갖는게 좋고, 그러한 사유를 압수를 필요로 하는 사유에 명시하여야 한다.

2. 위 계좌의 입·출금자원과 직전.직후로 연결된 계좌의 CIF

3. 위 계좌에 입금된 자원과 직전으로 연결된 계좌가 도급업체 언니건설의 계좌로 확인된 경우 도급업체 언니건설명의 계좌에 대한 2012. 2. 1. ~ 2012. 4. 30.까지의 입·출금 거래내역

    ※ 통상의 경우 법원에서는 직전.직후 연결계좌의 거래내역까지 압수하겠다고 하겠다고 하면 대부분 이를 기각하고 있는데, 한번에 연결계좌의 거래내역을 압수할 필요가 있을 때에는 그 범위를 최소한으로 하고 그 사유를 구체적으로 기재하여야 한다.

4. 위 계좌에서 출금된 자원이 자기앞수표인 경우, 수표지급내역전산자료, 현금으로 교환된 경우 교환인에 대한 CIF, 계좌에 입금된 경우 입금된 계좌에 대한 CIF, 수표사본을 요구한다.

○○지방경찰청

제 호   2000. 5. 1.

수 신 : ○○지방검찰청   발 신 : ○○지방경찰청

제 목 : 압수수색·검증영장신청[금융계좌추적용]   사법경찰관 경위 ㊞

다음 사람에 대한 업무상횡령 등 피의사건에 관하여 아래와 같이 압수수색·검증하려 하니 2000년 5월30일까지 유효한 압수수색·검증영장의 발부를 청구하여 주시기 바랍니다.

피의자	성 명	○ ○ ○
	주민등록번호	1234568 - 1234567
	직 업	오빠건설 대표
	주 거	부산시 연제구 연산동 000
변 호 인		
대상계좌	계좌 명의인	■ 피의자 본인 ■ 제3자
	개설은행·계좌번호	신한은행 123-456-123
	거래기간	2000. 2. 1 ~ 2000. 4. 30까지
	거래정보 등의 내용	아래 압수할 물건의 내용과 같음
압수 할 물건		【붙임 1】 기재와 같음
수색·검증할 장소, 또는 물건		【붙임 3】 기재와 같음
범죄사실 및 압수·수색·검증을 필요로 하는 사유		【붙임 2】 기재와 같음
7일을 넘는 유효기간을 필요로 하는 취지와 사유		많은 양의 금융거래가 있을 것으로 예상되고, 그 관련 금융거래 자료에서 파생될 금융거래의 자료가 다수일 것으로 예상되는 등 추적에 상당한 시일을 필요로 함.
둘 이상의 영장을 신청하는 취지와 사유		
일출 전 또는 일몰 후 집행을 필요로 하는 취지와 사유		

○○지방검찰청

제 호   2000 년   월   일

수 신 : ○○지방법원

제 목 : 압수수색·검증영장청구[금융계좌추적용]

     위와 같이 압수수색·검증영장신청이 있는 바, 그 사유가 상당하다고 인정되므로 동 영장의 발부를 청구합니다.

○○지방검찰청

검 사   ㊞

기 각 취 지 및 이 유	

【붙임 1】

□ 압수할 물건

1. 대상계좌의 2000. 2. 1.부터 2000. 4. 30.까지에 대한 입·출금거래내역(연결계좌, 인터넷·텔레뱅킹 포함), 예금거래신청서, CIF(전체계좌 개설내역 포함)

2. 대상계좌의 입·출금 자원과 직전·직후로 입·출금전표, 자기앞수표 사본 및 자기앞수표 발행의뢰서, 자기앞수표지급내역 전산자료, CIF 등 관련 금융거래 자료 및 정보(다만, 위 자료 및 정보가 편철되어 있을 경우 해당일의 전표철, 전산입력 되어 있을 경우 해당일의 전산자료)

3. 대상계좌의 자원과 관련된 직전·직후 계좌의 예금거래 신청서, 직전·직후 계좌의 입출금거래내역서, 위 계좌에 입금된 자기앞수표가 현금을 자원으로 발행 되었을 경우나 출금자원이 자기앞수표로 지급되어 동 수표를 현금으로 교환한 경우는 발행의뢰인이나 현금을 교환한 사람의 고객정보 전산자료

4. 대상계좌에 입금된 자원이 자기앞수표일 경우, 그 자원관련 출금전표, 자기앞수표지급내역 전산자료, 그 수표의 발행자원 및 그와 함께 발행된 자기앞수표, 동 자기앞수표가 또 다른 자기앞수표를 발행자원으로 재 발행된 것일 경우, 발행자원인 자기앞수표의 발행자원 또는 발행자원 관련계좌, 위 수표의 제시정보, 전산자료, 입금전표, 발행자원 관련계좌 및 위 수표가 입금된 계좌의 예금거래신청서, 고객기본정보조회 등 관련 금융거래 정보 또는 자료, 직전 계좌에 대하여는 발행자원 출금 일자의 전·후 30일 간 입·출금 거래내역서

5. 대상계좌에서 출금자원으로 자기앞수표가 지급되었을 경우나 동 수표를 발행자원으로 하여 또 다른 자기앞수표가 발행되었을 경우, 위 자기앞수표 및 위 수표의 제시정보 전산자료 등 지급관련 금융거래 자료, 동 수표 및 그 수표와 함께 입금된 수표의 입금전표, 함께 입금된 자기앞수표의 발행자원, 그 발행자원 관련계좌와 위 수표가 입금된 계좌에 대한 예금거래신청서 또는 고객기본정보조회서 등 관련금융거래정보 및 자료, 직후 계좌에 대하여는 발행자원 입금 일자의 전·후 30일 간 입·출금거래내역서.

【붙임 2】

□ 범죄사실(영장 신청을 위한 범죄사실 요지 약식)

피의자 권진○, 김만○는 건설업을 영위하는 자들로서,

피의자 권진○는 2012. 3. 일자 미상경 관급공사 하도급업체인 오빠건설회사 대표 김만○에게 공사와 무관하게 11억원 상당의 관급공사를 한 것처럼 허위의 세금계산서 발행을 요구하고, 김만○는 같은해 3. 2. 관급공사 등의 내역으로 허위의 세금계산서를 발행하였다.

권진○는 김만○가 발행한 허위의 세금계산서를 발행한 무렵 김만○가 운영하는 오빠건설회사의 신한은행 123-456-123 법인계좌로 11억원을 입금하였고,

김만○는 입금된 금원 중 일부를 오빠건설의 직원 김정○의 계좌로 이체하고, 나머지는 현금 및 수표로 인출하여 권진○에게 전달하자 이를 비자금으로 조성하여 관급공사를 발주한 우산시장인 최정○에게 기본설계를 변경하여 20억원을 증액하여 주는 대가로 3억원의 현금을 뇌물로 전달하였다.

□ 압수수색을 필요로하는 사유

피의자 권진○, 김만○는 우산시에서 발주한 관급공사의 수급인 및 하수급인으로 서로 상관관계에 있는 자들로서 첩보를 제공한 甲은 관급공사를 진행함에 있어 권진○가 비자금을 조성하고, 김만○는 이에 대한 허위의 세금계산서를 발행하여 주었다고 진술하고 있어 우산시에서 세금계산서 발행 관련 11억원의 공사내역이 없는 전혀 없는 것으로 확인된 만큼 甲의 진술은 신빙성이 있다.

이에 부합하여 허위세금계산서를 발행한 3. 2. 이후인 3. 10. 우산시 담당공무원이 설계변경에 따른 여건보고서를 작성하여 우산시장까지 결재를 받아 설계변경하고 공사를 착공하기 이전인 3. 20. 5억원의 선급금을 지급한 내역이 확인된 만큼 권진○가 입금한 신한은행 123-456-123 오빠건설회사 법인계좌로 2000. 3. 2. 11억원의 세금계산서를 발행한 시점 전·후에 그 자금이 입금되었을 것으로 추정되는 바,

3. 2. 전, 후 1개월에 대한 2000. 2. 1.부터 2000. 4. 30.까지에 대한 입·출금거래내역을 확보하여 자금의 실체를 확인하고자 한다.

이와 관련 권진수가 비자금을 어떤 자금으로 조성한 것인지 확인하기 위해 직전 계좌의 자금을 추적하고자 함이고, 김만수가 직원 김정희에게 이체한 자금과 현금 및 수표를 발행하여 권진수가 전달받은 것으로 이에 대한 자금을 추적하여 우산시장에게 뇌물로 전달한 자금의 실체 및 그 외에 추가 공여가 있었는지를 확인하기 위해 현금, 수표 등이 어떤 경로로 전달되었는지를 명확하게 하기 위해서 직후 계좌에 입금 된 시점 전·후 1개월에 대한 거래내역을 확인하고자 압수수색이 필요한 것임.

【붙임 3】

연번	금융기관	담당부서	전화	팩스
1	국민은행	업무지원센터	02-6450-8806~13	02-6450-8800
2	IBK기업은행	업무지원부	02-3425-4129	0502-276-0010
3	신한은행 (구.조흥은행통합)	업무지원팀	02-2151-7431~2	02-776-8195, 02-777-4977
4	외환은행	수신지원팀	02-729-0866	02-729-0718
5	SC은행	정보시스템부	02-3433-2719~20	02-3433-2662
6	하나은행 (구.서울은행통합)	금융정보제공팀	02-3788-5050	1688-1857
7	한국씨티은행	업무지원센터	02-731-8457	02-732-2221
8	우리은행	수신센터	02-3151-2789, 2793	02-3432-5759
9	NH농협 및 지역 농.축협	IT본부 및 업무지원센터	02-2059-3171	02-2059-4351
10	한국산업은행	KDB다이렉트실	02-787-7425	02-787-5195
11	우정사업본부 (우체국)	정보센터	02-450-2463	02-450-2209, 02-450-2470
12	수협중앙회	고객지원부	02-2240-3233	02-2202-3068
13	대구은행	영업지원부	053-740-2935	053-740-6926
14	부산은행	BPR센터	051-669-8775	051-608-5012
15	광주은행	개인영업전략부	062-239-5231	062-239-5239
16	제주은행	고객지원부	064-720-0262	064-753-4132
17	전북은행	영업지원부	063-250-7331	063-250-7332
18	경남은행	고객지원센터	055-290-8508	055-290-8599
19	HSBC	업무지원부	02-2004-0285	02-6716-0218
20	신협중앙회 및 지점	전자팀	042-720-1334	042-720-1340
21	새마을금고연합회 및 지점	감독부	02-3459-9114	02-3459-9243
22	압수할 물건이 보관된 아래 금융기관 각 점포(보관창고 포함) 및 본점 전산부(전산센터 포함). 다만, 위 압수할 물건을 보관하고 있는 금융기관이 인수·합병·폐지되었을 경우 그 금융기관을 인수·합병하거나 자료를 보관중인 금융기관 각 점포(보관창고 포함) 및 본점 전산부(전산센터 포함)			

(5) 파생유형 [뇌물수수 의심계좌 추적]

> **《사례》 5**
>
> 공무원 박건○는 2011. 5. 3. 하수○○화처리장 업체사장 김수○로부터 관리편의 명목으로 액수미상의 금품을 수수한 혐의가 포착되었다. 통화내역 분석결과 2011. 5. 3. 21:00경 김수○과 박건○가 강남 유흥주점 밀집지역에서 만난 정황이 확인되었고, 이후 김수○에 대한 정기점검시 하자가 있었음에도 무사통과된 점이 지목되었다.
>
> 사건담당 경찰관은 공무원 박건○호 및 그의 동거가족에 대한 계좌를 우선 확인하여 2011. 5. 3. 전후 거액의 자금이 유입되었는지 여부를 확인하고자 한다.
>
> ▶ 계좌추적의 목표 : 공무원 박건○호의 뇌물수수혐의 포착

□ 대상자

아래 압수수색영장 사례참조

□ 압수수색할 물건

1. 별지의 대상자 명의로 별지의 금융기관에 개설된 모든 계좌의 CIF, 2011. 4. 1.부터 2011. 6. 30.사이의 입·출금 거래내역

2. 위 계좌의 입·출금의 입·출금자원과 직전·직후로 연결된 계좌의 CIF

   ※ 뇌물수수자의 계좌를 확인하는 경우에 있어서도 뇌물수수자가 뇌물로 받은 자금을 상사 등 다른 이에게 상납하거나 분배하였을 가능성이 있으므로 직후 계좌도 함께 적시하는 것이 효율적이다.

   ※ 통상의 경우 법원에서는 직전·직후 연결계좌의 거래내역까지 압수하겠다고 하면 대부분 이를 기각하고 있는데, 한 번에 연결계좌의 거래내역을 압수할 필요가 있을 때에는 그 범위를 최소한으로 하고 그 사유를 구체적으로 기재하여야 한다.

3. 위 계좌에서 출금된 자원이 자기앞수표인 경우, 자기앞수표 지급내역전산자료, 현금으로 교환된 경우 교환인에 대한 CIF, 계좌에 입금된 경우 입금된 계좌에 대한 CIF, 자기앞수표 사본을 요구해야 한다.

□ 압수수색할 장소 : 시중 주요은행

제5장 - 금융계좌추적용 압수영장 작성방법

○○지방경찰청

제 호   2000. 7. 1.
수 신 : ○○지방검찰청   발 신 : ○○지방경찰청
제 목 : 압수수색·검증영장신청[금융계좌추적용]   사법경찰관 경위   ㊞

 다음 사람에 대한 뇌물수수 피의사건에 관하여 아래와 같이 압수수색·검증하려 하니 2000년 7월 30일까지 유효한 압수수색·검증영장의 발부를 청구하여 주시기 바랍니다.

피의자	성 명	박건○
	주민등록번호	561234 - 1234567
	직 업	○○○
	주 거	우산시 우산동 00아파트 00동 0000호
변 호 인		
대상계좌	계좌명의인	■ 피의자 본인 ■ 제3자([붙임 1] 기재와 같음)
	개설은행·계좌번호	불상
	거래기간	2000. 4. 1 ~ 2000. 6. 30까지
	거래정보 등의 내용	아래 압수할 물건의 내용과 같음
압수할 물건		【붙임 2】 기재와 같음
수색·검증할 장소, 또는 물 건		【붙임 4】 기재와 같음
범죄사실 및 압수·수색·검증을 필요로 하는 사유		【붙임 3】기재와 같음
7일을 넘는 유효기간을 필요로 하는 취지와 사유		많은 양의 금융거래가 있을 것으로 예상되고, 그 관련 금융거래 자료에서 파생될 금융거래의 자료가 다수일 것으로 예상되는 등 추적에 상당한 시일을 필요로 함.
둘 이상의 영장을 신청하는 취지와 사유		
일출 전 또는 일몰 후 집행을 필요로 하는 취지와 사유		

○○지방검찰청

제 호   2000 년   월   일
수 신 : ○○지방법원
제 목 : 압수수색·검증영장청구[금융계좌추적용]
 위와 같이 압수수색·검증영장신청이 있는 바, 그 사유가 상당하다고 인정되므로 동 영장의 발부를 청구합니다.

○○지방검찰청
검 사   ㊞

| 기각취지 및 이유 | |

【붙임 1】

대상자(피의자 및 제3자)

연번	대상자	주민등록번호	관계	비고
1	박건○	561234~1234567	피의자 본인	
2	김수○	731234~1234567	피의자 본인	
3	임정○	592134~2123467	박건○의 凄(처)	
4	박민○	741234~1234678	박건○의 子(자)	
5	박민○	781234~1234567	박건○의 子(자)	

【붙임 2】

□ 압수할 물건

1. 대상계좌의 2011. 4. 1.부터 2011. 6. 30.까지에 대한 입·출금거래내역(연결계좌, 인터넷·텔레뱅킹 포함), 예금거래신청서, CIF(전체계좌 개설내역 포함)

2. 대상계좌의 입·출금거래내역과 관련된 입·출금전표, 자기앞수표 및 자기앞수표지급내역 전산자료, 고객정보조회표(CIF) 등 관련 금융거래 자료 및 정보(다만, 위 자료 및 정보가 편철되어 있을 경우 해당 일의 전표철, 전산입력 되어 있을 경우 해당일의 전산자료)

3. 대상계좌의 자원과 관련된 직전·직후 계좌의 예금거래 신청서, 직전·직후 계좌의 입출금거래내역서, 위 계좌에 입금된 자기앞수표가 현금을 자원으로 발행 되었을 경우나 출금자원이 자기앞수표로 지급되어 동 수표를 현금으로 교환한 경우는 발행의뢰인이나 현금을 교환한 사람의 고객정보 전산자료

4. 대상계좌에 입금된 자원이 자기앞수표일 경우, 그 자원관련 출금전표, 자기앞수표지급내역 전산자료, 그 수표의 발행자원 및 그와 함께 발행된 자기앞수표, 동 자기앞수표가 또 다른 자기앞수표를 발행자원으로 재 발행된 것일 경우, 발행자원인 자기앞수표의 발행자원 또는 발행자원 관련계좌, 위 수표의 제시정보, 전산자료, 입금전표, 발행자원 관련계좌 및 위 수표가 입금된 계좌의 예금거래신청서, 고객기본정보조회 등 관련 금융거래 정보 또는 자료, 직전 계좌에 대하여는 발행자원 출금 일자의 전·후 30일 간 입·출금 거래내역서

5. 대상계좌에서 출금자원으로 자기앞수표가 지급되었을 경우나 동 수표를 발행자원으로 하여 또 다른 자기앞수표가 발행되었을 경우, 위 자기앞수표 및 위 수표의 제시정보 전산자료 등 지급관련 금융거래 자료, 동 수표 및 그 수표와 함께 입금된 수표의 입금전표, 함께 입금된 자기앞수표의 발행자원, 그 발행자원 관련계좌와 위 수표가 입금된 계좌에 대한 예금거래신청서 또는 고객기본정보조회서 등 관련 금융거래정보 및 자료, 직후 계좌에 대하여는 발행자원 입금 일자의 전·후 30일 간 입·출금거래내역서

【붙임 3】

□ 범죄사실

피의자 박건○는 우산시 하수○○화처리장 감독공무원, 김수○는 우산시 하수○○화처리장 용역업체 사장인 자들로서,

피의자 김수○은 우산시 하수○○화처리장을 운영하던 중 하수○○화에 필요한 소독약품을 살포하여 정화하는 시설을 가동함에 있어 1일 4회 가동하여야 함에도 1일 3회만 가동하여 남는 비용을 편취하기로 마음먹고, 2011. 5. 3. 21시경 감독공무원 박건○를 유흥업소가 밀집 된 오빠룸싸롱에서 만나 함께 술을 마시는 자리에서 하수○○화처리 가동을 3회만 실시하는 것을 눈감아 달라고 하면서 그 자리에서 액수 미상의 뇌물을 전달하였다. 박건○는 김수○으로부터 뇌물을 전달받은 후부터 ○○화시설 가동을 1일 3회만 실시하는 것을 미리 알게 되었으면서도 이를 묵인하였다.

□ 압수수색을 필요로 하는 사유

피의자 박건○, 김수○은 우산시 하수○○화처리시설을 감독하는 공무원과 그 시설을 운영하는 용역업체 사장의 관계로서 향응을 제공받거나 뇌물을 수수하여서는 안 됨은 물론 엄격하게 시설가동을 확인하고 조례에 따라 매월 시료검사를 실시하는 등 정화된 맑은 물이 하천으로 유입되도록 감독하여야 하는 자들이다.

그럼에도 불구하고 피의자 박건O, 김수O의 통화내역을 확인한 바, 제보자의 진술과 같이 오빠룸싸롱이 위치한 지역은 유흥주점이 밀집 된 곳임에도 2011. 5. 3. 밤 21시경 김수O원이 전화를 하여 박건O와 통화 후 약 2시간 동안 오빠룸싸롱 주변 기지국에 머무르다가 23시 이후에는 주거지 주변 기지국으로 이동하는 등 위와 같이 유흥지점 밀집지역에서 5. 3. 전.후로 5회에 걸쳐 만난 것으로 통화내역이 분석 되었다.

이에 부합하여 우산시 하수○○화처리장 소독약품을 납품하는 우진회사를 상대로 납품한 장부 등 거래내역을 확보한 바, 기존에 1일 4회 분량을 납품하던 소독약품의 물량이 2011. 4.부터 1일 3회 분량으로 줄어든 자료가 확인되었다.

뇌물을 수수한 피의자 박건O와 그 가족명의로 개설된 계좌 및 뇌물을 전달한 피의자 김수O의 용역회사 법인 명의로 개설된 계좌에 대하여 뇌물을 전달한 시점인 5. 3. 전.후 1개월에 대한 2011. 4. 1.부터 6. 30.까지에 대한 입.출금거래내역을 확인하여 박건O가 전달받은 뇌물의 횟수 및 액수를 특정하고자 함이고,

직전.직후 계좌는 김수O이 뇌물공여에 사용한 자금의 출처를 명확하게 하고, 박건O가 뇌물을 전달 받아 우산시 상급부서 관련자에게 상납하였는지를 확인하기 위해 추가로 직전.직후 계좌에 입, 출금 된 시점을 전.후 1개월에 대한 입.출금 거래내역을 확보하고자 압수수색 영장이 필요한 것임.

【붙임 4】

연번	금융기관	담당부서	전화	팩스
1	국민은행	업무지원센터	02-6450-8806~13	02-6450-8800
2	IBK기업은행	업무지원부	02-3425-4129	0502-276-0010
3	신한은행 (구.조흥은행통합)	업무지원팀	02-2151-7431~2	02-776-8195 02-777-4977
4	외환은행	수신지원팀	02-729-0866	02-729-0718
5	SC은행	정보시스템부	02-3433-2719~20	02-3433-2662
6	하나은행 (구.서울은행통합)	금융정보제공팀	02-3788-5050	1688-1857
7	한국씨티은행	업무지원센터	02-731-8457	02-732-2221
8	우리은행	수신센터	02-3151-2789, 2793	02-3432-5759
9	NH농협 및 지역 농·축협	IT본부 및 업무지원센터	02-2059-3171	02-2059-4351
10	한국산업은행	KDB다이렉트실	02-787-7425	02-787-5195
11	우정사업본부 (우체국)	정보센터	02-450-2463	02-450-2209 02-450-2470
12	수협중앙회	고객지원부	02-2240-3233	02-2202-3068
13	대구은행	영업지원부	053-740-2935	053-740-6926
14	부산은행	BPR센터	051-669-8775	051-608-5012
15	광주은행	개인영업전략부	062-239-5231	062-239-5239
16	제주은행	고객지원부	064-720-0262	064-753-4132
17	전북은행	영업지원부	063-250-7331	063-250-7332
18	경남은행	고객지원센터	055-290-8508	055-290-8599
19	HSBC	업무지원부	02-2004-0285	02-6716-0218
20	신협중앙회 및 지점	전자팀	042-720-1334	042-720-1340
21	새마을금고연합회 및 지점	감독부	02-3459-9114	02-3459-9243
22	압수할 물건이 보관된 아래 금융기관 각 점포(보관창고 포함) 및 본점 전산부(전산센터 포함). 다만, 위 압수할 물건을 보관하고 있는 금융기관이 인수·합병·폐지되었을 경우 그 금융기관을 인수·합병하거나 자료를 보관중인 금융기관 각 점포(보관창고 포함) 및 본점 전산부(전산센터 포함)			

제5장 - 금융계좌추적용 압수영장 작성방법   - 93 -

(6) 응용유형 [범인의 검거]

> 《사례》 6
> 이재○는 과외를 해주겠다는 생활정보지에 글을 게시한 우미○의 글을 보고 고등학생인 것처럼 행세하면서 우미○를 만나 감금, 협박하여 2012. 5. 7. 13:20경 인근의 ATM기에서 우미○의 신한신용카드로 현금서비스 200만원을 받은 후, 우미○를 석방한 즉시 도주하였다. 우미○는 그 즉시 112신고를 하여 긴급배치가 되었고 인근의 CCTV를 분석한 결과, 2012. 5. 7. 14:50경 검문검색을 피하기 위해 이재○가 현금인출지로부터 약 200미터 떨어진 별건의 ○○은행 ○○지점 3번 CD기에 위 200만원을 입금하는 장면이 포착되었다.
> ▸ 계좌추적의 목표 : 입금한 계좌의 CIF로 이재○의 인적사항 특정 또는 차명계좌의 경우 실시간 추적

□ 압수수색할 물건

1. ○○은행 ○○지점 3번 CD기에서 2012. 5. 7. 14:40부터 15:10사이 현금을 입금한 계좌번호 및 CIF, 예금거래신청서, 그 계좌의 입출금내역 자동통지서비스 이용시 통지매체번호

2. 2012. 4. 1. ~ 5. 7. 까지에 대한 거래내역 및 직전 직후 CIF

   ※ 거래내역은 계좌주와 이재○가 동일인이 아닐 경우 이재○의 입출금 거래지점을 확인하여 이재○의 생활근거지 및 행동반경을 특정하고자 함.

   ※ 직전 직후 CIF는 이재○의 공범이 있을 경우 공범을 특정하고자 함.

   ※ 입출금시 계좌주에게 SMS로 그 내용을 통보해주는 서비스를 사용하는 경우가 있다. 통상의 경우 대포통장을 이용하여 범행에 사용하더라도 그 입출금내역을 통보받는 휴대전화는 용의자가 실제 사용하고 있는 연락처일 가능성이 있으므로 이를 검거에 활용하기 위하여 '입출금내역 자동통지서비스 이용시 통지매체번호'라고 압수할 물건에 기재하는 것이다.

   ※ 나머지 계좌영장 기재방법은 앞의 사례와 동일

3. 압수할 물건에 기재될 용어 정리

지금까지 금융기관 업무의 개관 및 영장 작성례에 대해 설명하였다. 그러나, 계좌영장을 반복적으로 직접 집행해 보지 않고서는 계좌영장의 '압수할 물건'에 기재된 용어 및 문구를 쉽게 이해하는 것이 어려울 수 있으므로 이를 일목요연하게 정리해 놓았다.

계좌영장 작성시에 수사에 필요한 것만 적절히 선별하여 기재해야 한다.

용 어	개 념	활 용
CIF	▶ 금융기관이 보유하고 있는 특정인에 대한 정보 ▶ 통상 성명, 주민번호, 주소, 직업, 연락처 등이 포함됨	인적사항 확인
은행거래현황	▶ 특정인 명의로 개설된 모든 계좌의 계좌번호 및 잔고 현황 ※ 반드시 필요한 경우가 아니면 기재하지 않도록 한다.	수사대상자의 계좌 보유현황 확인

【응용】
- 특정 계좌번호의 인적사항을 알고자 하는 경우
   : 국민 123-456-789 계좌에 대한 CIF
- 특정인 명의로 개설된 계좌보유현황을 알고자 하는 경우
   : ○○○ 명의로 개설된 계좌의 CIF(은행거래현황 및 여·수신내역 포함)

※ 단, 압수를 필요로 하는 사유를 구체적으로 적시하지 아니할 경우 위와 같이 'CIF(은행거래현황 및 여·수신내역 포함)이라고 기재하면 판사 기각되는 사례가 많다.

입·출금 거래내역	▶ 금융기관에 개설된 계좌의 거래내역	자금추적 수사의 기본
대출내역	▶ 특정인이 금융기관으로부터 대출받은 내역 ※ 대출내역은 '금융거래정보'에 포함되지 아니하므로 계좌영장으로 '○○○ 명의로 개설된 모든 계좌의 거래내역'을 제공할 것을 요청하더라도 대출내역은 제공해주지 아니하므로, 대출내역을 압수할 필요가 있는 경우에는 압수할 물건에 대출내역을 추가로 기재해야 한다.	(필요한 경우에만 기재)
대여금고	▶ 은행으로부터 빌려쓰는 소형금고 ※ 대여금고 역시 위 대출내역과 같이 '금융거래정보'에 포함되지 아니하므로 대여금고 대여현황을 압수할 필요가 있는 경우에는 압수할 물건에 추가로 기재해야 한다.	(필요한 경우에만 기재)

제5장 - 금융계좌추적용 압수영장 작성방법

용 어	개 념	활 용
【응용】 - 기본 : 국민 123-456-789 계좌에 대한 2012. 1. 1.~2012. 6. 15 까지의 입·출금 거래내역 - 특정인 명의로 개설된 계좌 현황 및 거래내역을 알고자 하는 경우 : ○○○ 명의로 개설된 모든 계좌의 2012. 1. 1.~2012. 6. 15 까지의 입·출금 거래내역 - 대여금고·대출현황까지 알 필요가 있는 경우 : ○○○ 명의로 개설된 모든 계좌의 2012. 1. 1.~2012. 6. 15 까지의 입·출금 거래내역(대출내역 및 대여금고 현황 포함)		
입·출금 전표	▶ 창구거래에 있어 각 거래별로 작성되는 증빙자료	거래상세내역 확인 (현금, 수표, 이체 내역 등)

【응용】
- 기본 : 국민 123-456-789 계좌의 거래내역과 관련된 입·출금 전표, 거래일의 전표철
  ※ 거래내역과 관련된 전표를 압수하기 위하여는 전표가 편철되어 있는 '전표철'을 수색할 수 밖에 없으므로 통상 '거래일의 전표철'이라는 문구를 삽입하는 것이 관례이다
- 국민 123-456-789 계좌의 거래내역과 관련된 입·출금 전표(거래내역에는 '현금' 거래로 표기되나 실제로는 계좌이체와 같은 대체거래 등의 현금위장거래의 경우 연결전표 포함)
  ※ 자금의 사용처를 숨기기 위해 추적대상자가 실제로는 '계좌이체'를 하면서 텔러에게 "통장에는 현금이 나간 것으로 표기해 달라"라고 요구하는 경우가 있다. 이러한 거래를 제대로 확인하기 위하여 병기하는 문구이다.		

입·출금 자원과 직전·직후로 연결된 계좌	▶ 추적대상 계좌와 입출금 거래가 있는 계좌	추적대상 계좌와 돈거래를 한 상대방 확인
【응용】 - 추적대상 계좌의 거래상대방을 알고자 하는 경우 : 입·출금 자원과 직전·직후로 연결된 계좌의 CIF		
입·출금내역 자동통지서비스 이용시 통지매체번호	▶ 입·출금 내역이 있는 경우 계좌주가 지정한 휴대전화 등에 SMS를 보내는 서비스	추적대상자가 사용하고 있는 휴대전화번호 특정 (강력사건, 대출빙자사기 사건 등에 활용도 높음)

용 어	개 념	활 용
인터넷뱅킹·텔레뱅킹 등 전자금융거래 이용시 접속IP·전화번호 등 로그기록	▶ 전자금융 거래에 있어 접속의 매체가 된 IP 또는 전화번호	추적대상자의 소재지 파악
현금인수도내역	▶ 금융기관의 텔러와 텔러간 또는 텔러와 모출납 간의 현금거래내역	고액현금 거래의 진위여부 확인
자기앞수표 지급 내역 조회표 (=자기앞수표 지급내역에 관한 전산자료)	▶ 자기앞수표의 발행일자 등 내역과 지급제시일, 지급점을 알 수 있는 자료	자기앞수표 추적에 있어 기초자료

【응용】

- 추적대상 계좌에서 출금된 자기앞수표를 추적하고자 하는 경우

  : 국민 123-456-789 계좌에서 출금된 자원이 자기앞수표인 경우 자기앞수표 지급내역 조회표, 수표사본(이면포함), 지급제시된 경우 입금된 계좌의 CIF 및 입금전표, 현금으로 교환한 경우 교환자의 인적사항

  ※ 출금된 자기앞수표를 추적하기 위해 가장 기본적으로 사용되는 문구이다.

- 추적대상 계좌에 입금된 자기앞수표를 추적하고자 하는 경우

  : 국민 123-456-789 계좌에 입금된 자원이 자기앞수표인 경우, 입금전표, 수표번호, 수표사본(이면포함), 입금된 자기앞수표에 대한 발행인 인적사항(계좌에서 출금된 경우 발행계좌의 CIF), 자기앞수표 발행의뢰서(또는 출금전표), 추적대상 계좌에 입금된 자기앞수표 및 그와 함께 발행된 자기앞수표에 대한 지급내역 조회표

  ※ 입금된 자기앞수표를 추적하기 위해 가장 기본적으로 사용되는 문구이다. 특히, 추적대상 계좌에 입금된 자기앞수표와 함께 발행된 자기앞수표까지 추적할 수 있다.(예컨대, 공무원 A의 계좌에 100만원권 수표 3장이 입금되었는데, 그 수표를 발행한 자는 100만원권 수표 10장을 발행하였고 그 중 3장만을 공무원 A에게 준 것일 경우, 나머지 7장의 수표사용처도 확인할 수 있다)

제5장 - 금융계좌추적용 압수영장 작성방법

3. 집행요령

(1) 금융거래정보 제공요구서 활용

종전 금융실명법에서 요구하던 아래와 같은 서식의 '금융거래정보 제공요구서'(재정경제부 고시 제2002-10호)는 폐지되었고, 현재의 계좌영장 서식(재정경제부 고시 제2002-14호)으로 변경되었다.

이에 따라 금융기관에 제공할 필요가 없음에도, 금융기관에서는 금융거래정보를 경찰에게 제공한 내용을 관리할 목적으로 요구자의 연락처, 제공정보 등을 관리하기 위해 요청하는 경우가 있다.

이와 관련 실무적으로 1건의 계좌영장으로 수회 집행하는 경우, 계좌영장을 접수받은 금융기관에서는 구체적으로 어떠한 내용의 자료를 요구하는지 알지 못하기 때문에 요구하는 자료를 구체적으로 명시할 필요가 있어 위 요구서 서식을 사용하거나 아니면 별도의 서식을 이용하는 경우가 있으니 경찰청과 금융기관이 협의하여 금융거래정보 제공 요구서를 대체할 계획이며 그 전까지는 붙임서식을 이용하기를 권장한다.

금융계좌추적용 압수 · 수색영장 집행관련

요청자료(영장번호 : 제12345호)

수 신
발 신   ○○지방경찰청 수사과 경제범죄특별수사대 경위 ○○○

요청(집행)일 : 200 . .   (요일)

☐ **요청내용** :

신분증 사본

바쁘신 와중에도 경찰수사에 적극 협조해 주셔서 진심으로 감사드립니다. 회신은 아래 e-mail로 부탁드립니다.

우편번호 110-798
서울 종로구 ○○동길 20 ○○지방경찰청 수사과
연 락 처 : 010-1234-5678, 02)123-4567
사 무 실 :
팩w 스 : 02)2123-0987
e-mail :

4. 집행순서

단순히 범행에 이용된 계좌번호의 계좌주 인적사항을 확인하는 수준의 계좌영장을 제외하고는 계좌영장을 1회만 집행하여 필요한 자료를 압수하는 것은 불가능하다.

예컨대, 연결계좌의 CIF를 확인하기 위하여는 우선 추적대상계좌의 거래내역을 압수한 뒤, 범죄혐의와 연관된 계좌를 선별하여 선별된 계좌를 개설한 금융기관에 추가로 계좌영장을 집행하여야 하고, 전표를 확인하기 위하여도 추적대상 계좌의 수많은 거래내역중 자금흐름을 규명하기 위해 필요한 내역을 추출하여 전표를 보관하고 있는 거래점포(또는 BPR 운영 금융기관의 경우 본점)에 재차 계좌영장을 집행하는 순서를 밟아야 한다.

다양한 사건에 대해 일괄적인 집행요령을 설명하기는 곤란하지만, 통상

① 추적대상 계좌 거래내역 압수

② 위 거래내역 중, 수사에 필요한 연결계좌, 전표 압수

③ 추적대상계좌의 입.출금 자원이 자기앞수표인 경우, 수표추적의 순서로 영장을 집행하게 된다.

5. 계좌영장 팩스송신에 의한 집행

계좌영장을 집행함에 있어 해당 금융기관 본점 또는 점포에 건별로 방문하여 영장을 제시한 뒤 집행하는 것은 수사인력.시간의 한계상 불가능하다. 이에 따라 실무적으로는 계좌영장을 팩스로 송신하는 방식으로 집행하고 있는데, 팩스로 영장을 송신하는 경우에도 영장표지 및 압수할 물건이 기재된 페이지만 영장을 집행하는 것이 요령이다. 이는 팩스송신문서의 양을 줄이는 의미도 있지만 '압수를 필요로 하는 사유'까지 송신하여 금융기관을 통해 수사대상자에게 수사기밀이 유출되는 것을 방지하기 위한 것으로, 만약 금융기관이 영장전체를 요구하는 경우 형사소송법상 영장의 집행방식은 '영장을 제시'하는 것만으로 족하므로 해당 금융기관을 방문하여 영장을 제시하는 것으로도 족하다고 할 것이다.

※ 팩스기에 따라 기능은 다르지만, 통상 '응용팩스' 또는 '일괄송신', '동보송신' 기능이라고 하여 수신할 팩스번호를 미리 입력한 뒤에 영장을 1회만 스캔하면 자동으로 수십여개의 수신처에 자동으로 팩스가 송신되는 기능이 있으므로 이를 적극 활용하자

6. 통보유예 요구

금융기관은 계좌영장에 의해 경찰에 거래정보 등을 제공한 경우, 그 당사자에게 경찰에의 자료제공 사실을 반드시 통지하도록 되어 있다. 대부분의 경우 수사초기에 계좌영장이 집행되고 있는데, 수사대상자가 경찰의 수사사실을 인지한다면 증거자료의 인멸 등 수사의 실패를 초래할 수 있으므로 특별한 사정이 없는 한, 영장이 발부되면 곧바로 6개월간 통보유예 하도록 기재하여야 한다.

제6장 자기앞수표의 추적

1. 자기앞 수표

우리나라에 5만원권이 발행된 이후에도 여전히 '자기앞수표'는 뇌물, 기업자금 횡령 등 거액의 자금을 유통하는데 있어 많이 활용되고 있다. 자기앞수표는 기능에 있어 사실상 현금과 동일하나, 현금과는 달리 자기앞수표의 발행자와 사용자의 추적이 가능하여, 자금추적 수사에 있어 매우 큰 비중을 차지한다. 그러나 이러한 자기앞수표의 발행자와 사용자를 추적하는 것이 용이하지만은 않다. 이에 따라, 본 매뉴얼에서는 자기앞수표추적에 대해 별도의 장으로 분리하여 개념의 이해부터 추적요령까지 상세히 설명하고자 한다.

2. 자기앞수표란?

자기앞 수표는 다음과 같은 내용을 포함하고 있다. 그 내용을 하나씩 살펴보면 다음과 같다.

- 은행이 발행하고 자기은행에서만 돈으로 바꿔주는 수표
- 발행인 지급인이 모두 은행(지급에 대한 안정성 보장)
- 은행은 수표금액을 별도로 관리(별단계좌)

  ※ 별단계좌 : 아직 결제되지 않은 돈을 모아둔 계좌

- 당행 수표는 당행에서는 현금으로 취급 → 입·출금 자유로움
- 타행수표 입금시 익일 오후 3시 이후에 현금으로 인출가능 등을 의미한다.

<그림 6-1> 자기앞 수표의 견양

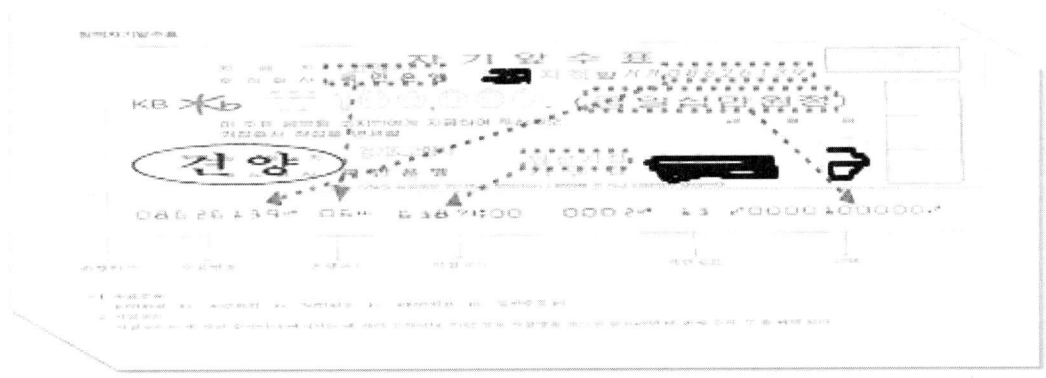

3. 자기앞수표의 종류

- 정액권 : 자기앞수표 용지의 금액이 정해져 인쇄된 수표로 10만원권, 30만원권, 50만원권, 100만원권 등 4종류가 있다.
- 일반권 : 금액이 정해져 있지 않고 발행의뢰인(고객)이 요구하는 금액으로 발행되는 수표
  예) 200만원권, 1억원권, 350만원권 등

4. 실무에서 사용되는 자기앞수표 발행 종류

- 계좌에서 출금하며 수표발행
- 현금으로 수표 발행(소지한 현금으로 수표 발행)
- 수표로 수표 재발행(100만원권 수표 1매를 10만원권 수표 10매로 재발행)

5. 자기앞수표 추적시 압수할 물건

- 자기앞수표 발행의뢰서(현금으로 수표를 발행한 경우 자기앞수표의 발행자에 관한 정보 확인)
- 자기앞수표 지급에 관한 전산정보자료(자기앞수표 사용 지점, 사용자, 입금계좌, 뒷면 이서 등에 관한 정보 확인)
- 입금된 수표와 함께 발행된 수표의 지급에 관한 전산정보자료(10만원권 10매를 발행하여 그 중 10만원권 1매를 추적계좌에 입금하였을 경우 나머지 9매의 사용자 등에 관한 정보 확인)
- 출금된 수표를 자원으로 재발행된 수표의 지급에 관한 전산정보자료(출금된 100만원권 수표를 10만원권 10매로 재발행 하였을 경우 재발행 된 10만원권 10매의 사용자에 관한 정보 확인)

※ 압수할 물건 요약

- 입·출금 자기앞수표의 발행의뢰서, 자기앞수표의 지급에 관한 전산정보자료
  (입금된 자기앞수표와 함께 발행된 수표, 출금된 자기앞수표를 자원으로 재발행 된 수표 포함)

6. 자기앞수표 지급내역 조회

　자기앞수표 사용자의 정보는 수표를 제시받은 점포에서 보관하고 있다. 따라서 자기앞수표를 추적하기 위해서는 특정계좌에서 출금된 수표가 언제, 어디에서 지급 제시되고 수표의 보관장소는 어디인지를 알아야 하므로 수표 발행은행에 당해 수표의 지급내역 조회를 요구하여야 한다.

제6장 - 자기앞수표의 추적

<그림 6-2> 금융거래 중 자기앞수표 거래내역 발췌

거래일자	상태	거래구분	거래금액	표면잔액	취급점	단말	입금의뢰인성	이체상대	거래시간
20090320	출금	ATM출금	2,000,500	999,501	구 날	38	7980 177*020		181842

거래일	거래시작	거래점	지급(실행)금액	입금(회수)금액	잔액	수수료	거래코드	거래내용	이체자성명	연동계좌	
2007-03-19	14:14:30	602	4,499,973,870	-	-	1,000	80	Sellstation	95315...0*001	23-60240	51600
2007-03-19	15:43:59	602	599,985,425	-	100,000,000	-	80	Sellstation	95315 11*001	23-60240	51601
2007-03-19	15:48:03	602	100,000,000	-	-	1,000	80	Sellstation	95315...*001	23-60240	51602

거래일자	적요	지급금액	입금금액	잔액	취급점	거래시간	검증
2007-02-02	인터넷	500,000 23456789-5		109,500,000	20-_0	17:35:17	
2007-02-05	인터넷	1,000,000 23456787-10		108,500,000	20-_0	18:59:43	

수표번호

자기앞수표의 추적시 맨 처음 할 일은 추적하는 계좌에서 입·출금된 자기앞수표를 내역을 발췌하는 것이다. 거래내역과 전표를 통해 추적할 수표를 선정한 후 발행은행에 수표번호, 발행일, 발행점포, 발행금액(액면가)를 기재하여 추적할 자기앞수표가 언제, 어디서 사용되었는지 자기앞수표 지급내역을 조회하여야 한다.

<그림 6-3> 자기앞수표 거래

수표 결제한 점포(타행수표)   수표 사용한 점포   실물 수표를 보관하고 있는 곳

자기앞수표거래증명서

수표번호	발행일	발행점	발행금액	지급일	지유명	인능 정보	지급지금	제시점	반출	RS번호	발행OP	지급OP
4273-121	2000-09-18	20-579	100,000	2000-09-19	20-154	개인예금인출	C/C 교환지급	06-4 76-150	10810	7220	47	99
4273-122	2000-09-18	20-579	100,000	2000-09-19	20-154	개인예금인출	C/C 교환지급	06-4 76-150	10410	95310	47	99
4273-123	2000-09-18	20-579	100,000	2000-09-19	20-154	개인예금인출	C/C 교환지급	06-4 76-150	10410	95520	47	99
4273-124	2000-09-18	20-579	100,000	2000-09-19	20-154	개인예금인출	C/C 교환지급	06-4 76-150	10410	95530	47	99
4273-125	2000-09-18	20-579	100,000	2000-10-07	20-164	개인예금인출	C/C 교환지급		0000	04154	47	99
4273-126	2000-09-18	20-579	100,000	2000-10-02	20-154	개인예금인출	C/C 교환지급	21-4 78-4 38	76120	2320	47	99
4273-127	2000-09-18	20-579	100,000	2000-09-27	20-579	개인예금인출	현금	지급			47	37
4273-128	2000-09-18	20-579	100,000	2000-09-28	20-197	개인예금인출	C/C 교환지급		0008K	03588	47	99
4273-129	2000-09-18	20-579	100,000	2000-09-20	20-154	개인예금인출	C/C 교환지급	04-4 74-4 34	37205	67560	47	99
4273-130	2000-09-18	20-579	100,000	2000-09-26	20-154	개인예금인출	C/C 교환지급	20-6 4-4 34	15110	46040	47	99
4273-131	2000-09-18	20-579	100,000	2000-12-19	20-154	개인예금인출	C/C 교환지급	04-7 48-4 34	56402	68780	47	99
4273-132	2000-09-18	20-579	100,000	2001-03-13	20-154	개인예금인출	C/C 교환지급	27-14 48-4 38	34001	31500	47	99
4273-133	2000-09-18	20-579	100,000	2001-03-13	20-154	개인예금인출	C/C 교환지급	27-14 87-4 30	36001	51290	47	99
4273-134	2000-09-18	20-579	100,000	2000-12-15	20-109	개인예금인출	현금	지급			47	64
4273-135	2000-09-18	20-579	100,000	2000-10-16	20-154	개인예금인출	C/C 교환지급	25-1 54-4 31	5211..	46310	47	99
4273-136	2000-09-18	20-579	100,000	2000-09-27	20-579	개인예금인출	현금	지급			47	37
4273-137	2000-09-18	20-579	100,000	2000-09-27	20-579	개인예금인출	현금	지급			47	37
4273-138	2000-09-21	20-579	100,000	2000-09-23	20-579	개인예금인출	현금	지급			47	37

[이하여백]

자기앞수표의 사용자의 정보를 보관하고 있는 곳은 자기앞수표를 실제로 사용한 점포로 자기앞수표 지급내역 조회를 통해 위와 같은 결과를 얻었다면 제시점에 자기앞수표 사용자에 대한 정보를 요구하여야 한다.

※ 수표를 결제한 점포는 실제 제시인이 그 지급점을 방문한 것이 아니라 수표 교환방식에 의하여 수표를 발행한 은행의 어음교환실 등이 지급점이 되는 것이다. 한편 어음교환실에는 타행수표를 결제해야 하나 업무 편의상 자행 수표의 경우에도 어음교환실(CC교환) 결제가 있을 수 있다.

<그림 6-4> 수표의 제시점과 수납점

수표번호 상태	수표금액	발행점 지급점	발행일자 지급일자	발행개인번호 지급개인번호	색인번호 지급구분	수납점 보관점
10606401 지급	92,500,000	72 J12 00 354	20100329 20100330	14081 316 8(	60\ 11000003 정보교환에 의한	004 048 019 002
10606403 지급	26,600,000	72 J12 00 354	20100331 20100401	12920 951 8(	60\ 11000103 정보교환에 의한	004 048 019 002
10606425 지급	3,900,000	72 J12 00 354	20100402 20100405	14081 316 8(	60\ 11000044 정보교환에 의한	004 048 019 002
10606315 지급	15,100,000	72 J12 00 354	20100525 20100526	14081 316 8(	60 \11000026 정보교환에 의한	004 048 019 002
10606227 지급	6,500,000	72 J12 00 354	20100527 20100528	14081 262 8(	60\ 11000081 정보교환에 의한	004 048 019 002

(농협<N.A.C.F>수표조회내역 2012년06월14일)

※ 은행에 따라 제시점(수표를 실제 사용한 곳)을 지급점, 수납점이라 표시하기도 하므로 유의해야 한다.

☐ **실무상 자기앞수표 추적 순서**

자기앞수표 추적은 엑셀의 여러 기능들을 사용하면 팩스 송신, 추적정리, 진행경과 등을 보다 효과적으로 관리할 수 있어 유용하다.

<그림 6-5> 자기앞수표 추적 순서

수표거래 발췌 ➡ 추적수표 선정 ➡ 수표 발행은행 지급내역 조회 ⬇
수표 지급(사용자) 정보 회신 ⬅ 지급은행 수표 지급(사용자) 정보요구 ⬅ 발행은행 지급내역 회신

제6장 - 자기앞수표의 추적   - 103 -

1) 추적 자기앞수표 선정

사건의 특성에 따라 차이점은 있으나 추적하고 있는 계좌에서 발행된 수표를 모두 추적한다는 것은 어리석은 짓이다. 부정한 거래는 무엇인가 결정되기 직전이나, 직후에 이루어진다는 점을 착안하여 결정(선정)될 때, 도움이 필요한 때, 대금을 지급할 때 등의 전·후에 발행된 수표를 선별하여 추적하는 것이 효율적이다.

2) 추적 자기앞수표 지급내역 조회

엑셀에 추적할 자기앞수표의 발행은행, 발행의뢰자(계좌주), 수표번호, 발행금액, 발행일을 입력하여 당해 수표의 지급제시일, 지급은행, 제시점을 조회해 달라고 요구한다.

<그림 6-6> 수표의 발행 의뢰자와 수표번호

연번	발행은행	발행의뢰자	수표번호	금액	발행일	제시일	지급은행	보관점(제시점)	색인번호
1	국민	투자	52987790	10,000,000	06-09-20				
2	국민	투자	52987791	10,000,000	06-09-20				
3	국민	투자	52987792	10,000,000	06-09-20				
4	국민	투자	52987793	10,000,000	06-09-20				
5	국민	투자	52987794	10,000,000	06-09-20				
6	우리	투자	12436431	100,000,000	06-09-26				
7	우리	투자	12436432	100,000,000	06-09-26				
8	우리	투자	12436433	100,000,000	06-09-26				
9	우리	투자	12436434	100,000,000	06-09-26				
10	우리	투자	12436435	100,000,000	06-09-26				
11	기업	투자	42451723	100,000,000	06-09-27				
12	기업	투자	42451724	100,000,000	06-09-27				
13	기업	투자	42451725	100,000,000	06-09-27				
14	기업	투자	42451726	100,000,000	06-09-27				
15	기업	투자	42451727	100,000,000	06-09-27				
16	신한	딜러	00358531	10,000,000	06-11-08				
17	신한	딜러	00358532	10,000,000	06-11-08				
18	신한	딜러	00358533	10,000,000	06-11-08				
19	신한	딜러	00358534	10,000,000	06-11-08				
20	신한	딜러	00358535	10,000,000	06-11-08				

※ 추적할 수표를 선정하고 엑셀에 발행은행, 발행의뢰자(계좌주), 수표번호, 금액, 발행일자를 입력한다.

『자금추적수사론』   - 104 -

<그림 6-7> 은행의 수표의 발행과 발행일

연번	발행은행	발행의뢰자	수표번호	금 액	발행일	제시일	지급은행	보관점(제시점)	색인번호
1	국민	투자	529 7790	10,000,000	06-09-20				
2	국민	투자	529 7791	10,000,000	06-09-20				
3	국민	투자	529 7792	10,000,000	06-09-20				

연번	발행은행	발행의뢰자	수표번호	금 액	발행일	제시일	지급은행	보관점(제시점)	색인번호
11	기업	투자	424 1723	100,000,000	06-09-27				
12	기업	투자	424 1724	100,000,000	06-09-27				

연번	발행은행	발행의뢰자	수표번호	금 액	발행일	제시일	지급은행	보관점(제시점)	색인번호
16	신한	딜러	003 8531	10,000,000	06-11-08				
17	신한	딜러	003 8532	10,000,000	06-11-08				
18	신한	딜러	003 8533	10,000,000	06-11-08				
19	신한	딜러	003 8534	10,000,000	06-11-08				
20	신한	딜러	003 8535	10,000,000	06-11-08				

※ 엑셀의 필터 기능을 이용하여 발행 은행별로 출력하여 발행은행에 수표의 지급정보를 조회해 달라고 영장과 함께 FAX 보낸다

☞ 여기서 잠깐!!! (엑셀의 필터 기능 설명)

<그림 6-8> 셀의 드래그 및 블록

연번	발행은행	발행의뢰자	수표번호	금 액	발행일	제시일	지급은행	보관점(제시점)
1	국민	00투자	529 7790	10,000,000	06-09-20			
2	국민	00투자	529 7791	10,000,000	06-09-20			
3	국민	00투자	529 7792	10,000,000	06-09-20			
4	우리	00투자	529 7793	10,000,000	06-09-20			
5	기업	00투자	529 7794	10,000,000	06-09-20			
6	신한	00투자	529 7795	10,000,000	06-09-20			
7	신한	00투자	529 7796	10,000,000	06-09-20			

※ 정보를 입력한 후 필터 할 셀을 드래그 하여 블록을 씌운다

제6장 - 자기앞수표의 추적   - 105 -

<그림 6-9> 수표의 확인 방법

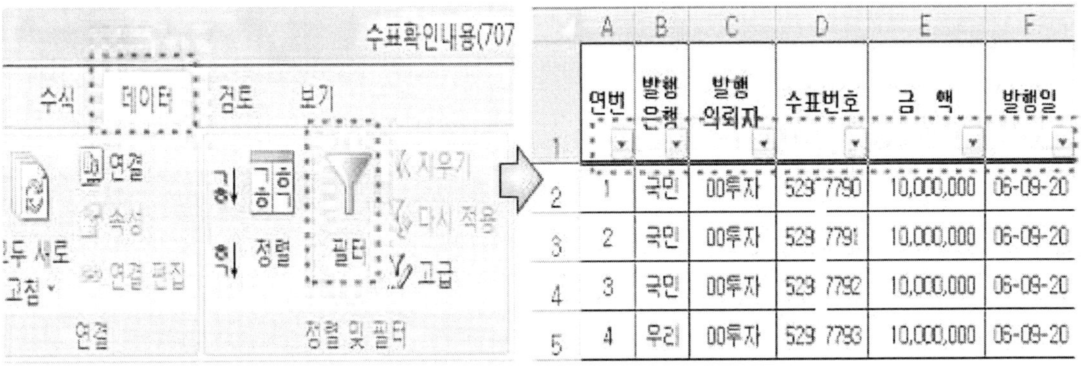

※ 데이터를 클릭한 후 필터를 클릭하면 역삼각형 모양의 단추가 생성된다.

<그림 6-10> 선택한 은행만 추출 예

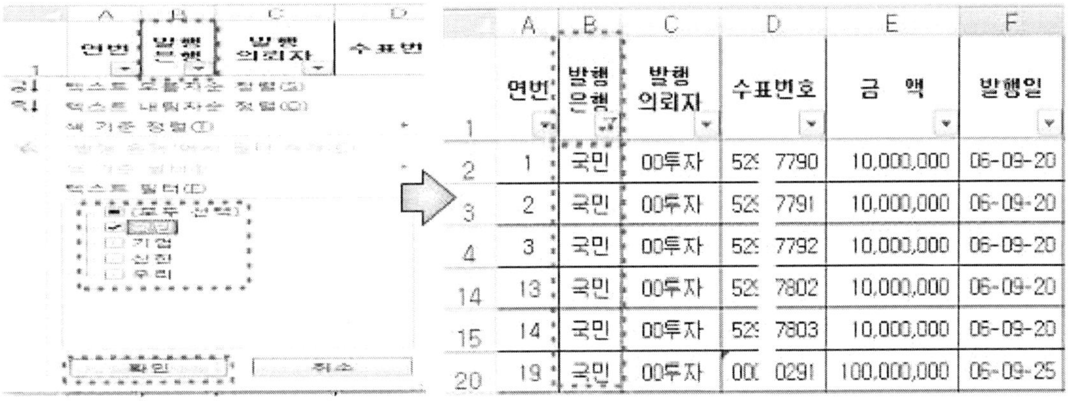

※ 필터가 입혀진 셀 중 발행은행 셀의 역삼각형 단추를 클릭 → 텍스트 필터 창이 뜨고 선택할 은행을 선택하여 확인버튼을 클릭하면 좌측은 사진과 같이 선택한 은행만 추출된다.

3) 수표 지급내역 조회 결과 입력 및 수표 사용자 등 정보 요구

　자기앞수표 발행은행으로부터 회신된 자기앞수표 지급내역(수표가 언제 어디서 사용되었는지?)을 입력한다. 여러 은행 발행 대량의 수표를 추적할 때는 모든 수표의 지급내역이 회신되기를 기다리지 말고 먼저 회신된 은행의 지급(사용)정보부터 정리하여 수표 사용자에 관한 추적을 시작하는 것이 좋다

<그림 6-11> 회신된 지급내역조회

연번	발행은행	발행의뢰자	수표번호	금액	발행일	제시일	지급은행	보관점(제시점)	색인번호
1	국민	투자	52937790	10,000,000	06-09-20	07-05-15	우리	어음교환실	14000009051
2	국민	투자	52937791	10,000,000	06-09-20	07-01-08	신한	자금결제실	00031651090
3	국민	투자	52937792	10,000,000	06-09-20	07-01-08	신한	자금결제실	00031651100
4	국민	투자	52937793	10,000,000	06-09-20	07-01-08	신한	자금결제실	00031651110
5	국민	투자	52937794	10,000,000	06-09-20	07-01-02	신한	자금결제실	00031680080
6	우리	투자	12436431	100,000,000	06-09-26	07-02-02	우리	어음교환실	12000044862
7	우리	투자	12436432	100,000,000	06-09-26	07-02-02	우리	어음교환실	12000044863
8	우리	투자	12436433	100,000,000	06-09-26	07-01-15	신한	자금결제실	00011635030
9	우리	투자	12436434	100,000,000	06-09-26	07-02-07	하나	자금결제실	15400000410
10	우리	투자	12436435	100,000,000	06-09-26	07-02-07	하나	자금결제실	15400000409
11	기업	투자	42451723	100,000,000	06-09-27	07-02-07	하나	자금결제실	15400000411
12	기업	투자	42451724	100,000,000	06-09-27	07-02-12	하나	자금결제실	13000004430
13	기업	투자	42451725	100,000,000	06-09-27	07-06-05	우리	어음교환실	13000025690
14	기업	투자	42451726	100,000,000	06-09-27	07-06-04	우리	어음교환실	12000045204
15	기업	투자	42451727	100,000,000	06-09-27	07-06-04	우리	어음교환실	12000045203
16	신한	딜러	00338531	10,000,000	06-11-08	07-06-04	우리	어음교환실	12000045202
17	신한	딜러	00338532	10,000,000	06-11-08	07-05-28	국민	올림픽	15400000407
18	신한	딜러	00338533	10,000,000	06-11-08	07-05-28	국민	올림픽	15400000406
19	신한	딜러	00338534	10,000,000	06-11-08	07-01-31	국민	명동영업부	15400000408
20	신한	딜러	00338535	10,000,000	06-11-08	07-02-07	하나	자금결제실	15400000407

※ 은행에서 회신된 지급내역조회 내용을 엑셀에 모두 입력한다

<그림 6-12> 자기앞수표 지급내역의 입력(1)

연번	발행은행	발행의뢰자	수표번호	금액	발행일	제시일	지급은행	보관점(제시점)	색인번호
2	국민	투자	52937791	10,000,000	06-09-20	07-01-08	신한	자금결제실	00031651090
3	국민	투자	52937792	10,000,000	06-09-20	07-01-08	신한	자금결제실	00031651100

연번	발행은행	발행의뢰자	수표번호	금액	발행일	제시일	지급은행	보관점(제시점)	색인번호
17	신한	딜러	00338532	10,000,000	06-11-08	07-05-28	국민	올림픽	15400000407
18	신한	딜러	00338533	10,000,000	06-11-08	07-05-28	국민	올림픽	15400000406

연번	발행은행	발행의뢰자	수표번호	금액	발행일	제시일	지급은행	보관점(제시점)	색인번호
1	국민	투자	52937790	10,000,000	06-09-20	07-05-15	우리	어음교환실	14000009051
6	우리	투자	12436431	100,000,000	06-09-26	07-02-02	우리	어음교환실	12000044862
7	우리	투자	12436432	100,000,000	06-09-26	07-02-02	우리	어음교환실	12000044863
13	기업	투자	42451725	100,000,000	06-09-27	07-06-05	우리	어음교환실	13000025690
14	기업	투자	42451726	100,000,000	06-09-27	07-06-04	우리	어음교환실	12000045204
15	기업	투자	42451727	100,000,000	06-09-27	07-06-04	우리	어음교환실	12000045203
16	신한	딜러	00338531	10,000,000	06-11-08	07-06-04	우리	어음교환실	12000045202

※ 자기앞수표 지급내역을 모두 입력하면 엑셀의 필터 기능을 이용하여 지급은행별로 출력하여 자기앞수표 지급(사용)은행에 FAX를 보내 수표 사용자 정보를 요구해야 한다.

<그림 6-13> 자기앞수표 사용자 정보 입력(2)

※ 자기앞수표 지급(사용자)정보가 회신되면 사용자에 대한 정보를 입력한 후 색깔로 음영처리를 하여 회신받은 수표와 진행중인 수표를 구분한다

<그림 6-14> 자기앞수표 사용자 정보 입력(3)

※ 은행에서 회신된 자기앞수표 사용자에 대한 정보를 모두 입력한다.

<그림 6-15> 사용자 정보 분석

※ 은행에서 회신받은 자기앞수표 사용자에 대한 정보를 입력이 끝나면 수표 사용자 별로 추출하여 사건의 등장인물이 아닌 경우는 사용자의 직업조회(국민건강보험관리공단, 국민연금관리공단) 등을 통해 사건과 관련성을 확인해야 자기앞수표 추적이 끝난 것으로 볼 수 있다.

☐ 통보유예

금융기관에서 경찰에 계좌영장에 의한 거래정보 제공시, 금융기관은 당사자에게 경찰에 거래정보를 제공하였음을 '통보'하도록 되어 있다. 다만, 실제 수사에 있어서 자금추적은 수사의 초기에 이루어지는 것이 대부분으로 수사초기 경찰이 수사혐의자의 계좌거래내용을 확인하였다는 것이 통보될 경우 수사가 실패할 수 있으므로, 특별한 사유가 없는 한 통보유예를 요청하도록 한다.

제4조의2 (거래정보 등의 제공사실의 통보)

① 금융회사 등은 명의인의 서면상의 동의를 받아 거래정보 등을 제공한 경우나 제4조제1항제1호·제2호(조세에 관한 법률에 따라 제출의무가 있는 과세자료 등의 경우는 제외한다)·제3호 및 제8호에 따라 거래정보등을 제공한 경우에는 제공한 날(제2항 또는 제3항에 따라 통보를 유예한 경우에는 통보유예기간이 끝난 날)부터 10일 이내에 제공한 거래정보 등의 주요 내용, 사용 목적, 제공받은 자 및 제공일 등을 명의인에게 서면으로 통보하여야 한다.

② 금융회사 등은 통보 대상 거래정보 등의 요구자로부터 다음 각 호의 어느 하나에 해당하는 사유로 통보의 유예를 서면으로 요청받은 경우에는 제1항에도 불구하고 유예요청기간(제2호 또는 제3호의 사유로 요청을 받은 경우로서 그 유예요청기간이 6개월 이상인 경우에는 6개월) 동안 통보를 유예하여야 한다.

1. 해당 통보가 사람의 생명이나 신체의 안전을 위협할 우려가 있는 경우
2. 해당 통보가 증거 인멸, 증인 위협 등 공정한 사법절차의 진행을 방해할 우려가 명백한 경우
3. 해당 통보가 질문·조사 등의 행정절차의 진행을 방해하거나 과도하게 지연시킬 우려가 명백한 경우

③ 금융회사 등은 거래정보 등의 요구자가 제2항 각 호의 어느 하나에 해당하는 사유가 지속되고 있음을 제시하고 통보의 유예를 서면으로 반복하여 요청하는 경우에는 요청받은 날부터 두 차례만(제2항제1호의 경우는 제외한다) 매 1회 3개월의 범위에서 유예요청기간 동안 통보를 유예하여야 한다. 다만, 제4조제1항제2호(조세에 관한 법률에 따라 제출의무가 있는 과세자료 등의 경우는 제외한다)에 따른 거래정보 등의 제공을 요구하는 자가 통보의 유예를 요청하는 경우에는 요청을 받은 때마다 그 날부터 6개월의 범위에서 유예요청기간 동안 통보를 유예하여야 한다.

제6장 - 자기앞수표의 추적

앞에서도 강조했지만 계좌영장이 발부되면 집행 전 곧바로 통보유예란을 기재하도록 한다. 통보유예기간은 통보로 인해 사람의 생명이나 신체의 안전을 위협할 우려가 있는 경우에는 제한없이 통보유예가 가능하고, 그 밖의 경우에는 우선 6개월간 통보유예가 가능하되, 수사가 종료되지 아니하여 추가로 통보유예가 필요한 경우에는 1회당 3개월씩 최장 2회간(총 6개월) 추가 통보유예 연장이 가능하다. 추가 통보유예의 경우 별도의 공문에 의해 3개월간 통보유예를 요청하고 3개월이 경과 후에도 통보유예가 필요한 경우 같은 방법으로 3개월 간 통보유예를 요청할 수 있다. 최초 6개월+추가 3개월(1회)+추가 3개월(1회) 총 1년간 통보유예를 요청하면 더 이상은 통보유예를 할 수 없다.

※ 기재례: 통보유예기간 "정보제공일로부터 6개월", 사유 "범죄혐의에 대해 수사중인 사안으로 통보시 공정한 사법절차의 진행을 방해할 우려가 명백함" 등이다.

7. 자기앞수표 번호의 체계

- 수표번호는 8자리로 표시된다 (12345670)
- 금융거래내역에는 12345670-5, 12345670*5, 12345670 5, 12345670-5674, 12345670-005매 등으로 표시된다
- 『12345670-5』 의미
- 12345670으로 시작하는 수표가 연번으로 5매가 발행되었다는 의미

<표 6-1> 수표발행 예

거래일자	상태	거래구분	거래금액	표면잔액	취급점	단말	입금의뢰인성	이체상대	거래시간
20090320	출금	ATM출금	2,000,500	999,501	ㄱ남	36	79, 5177*020		181842

위 _은행의 거래는 200만원이 출금되고 79835177로 시작하는 수표가 연번으로 20매가 발행되어 10만원권 수표가 20매 발행되었다. 따라서 발행된 수표번호는 79835177~79835196까지로 확인된다.
※ 발행 수표번호 = (수표번호+발행매수)-1 (79835177+20)-1 = 79835196(수표의 마지막 번호)

8. 자기앞수표 발행내역 확인시 유의점

아래의 ○○은행 거래는 2억원이 출금되면서 자기앞수표가 20매가 발행되어 자기앞수표 1매는 1,000만원권 이라 계산된다.

<표 6-2> 자기앞수표 발행

거래일자	상태	거래구분	거래금액	잔액	취급점	입금의뢰인	이체상대	거래시간
20090320	출금	대체	200,000,000	999,501	ㄱ남	7983		141842

그러나 아래와 같이 서로 다른 액면가의 수표가 48매 발행될 수도 있음을 유의해야 한다.

<표 6-3> 자기앞수표의 액면가 사례

수표 액면가	수표매수	발행 금액	수표번호
100만원권	20매	2,000만원	79835177*20
500만원권	20매	1억원	12345678*20
1,000만원권	8매	8,000만원	34567890*8
	48매	2억원	

입금의뢰인
79835177*20

에는 수표발행내역 전체를 표기한 것이 아니라 그 중 일부만 대표로 표기한 것이다. 거래내역에는 표시되지 않았지만 12345678*20, 34567890*8 수표도 추적할 수표에 포함시켜야 한다.

또한 아래와 같이 거래내역의 "구분", "적요"등의 란에 현금이라 표기되어 있고, 자기앞수표 출금정보가 없는 경우에도 수표가 발행될 수 있다.

<표 6-4> 거래내역 구분

거래일자	상태	거래구분	거래금액	잔액	취급점	입금의뢰인	이체상대	거래시간
20090320	출금	현금	20,000,000	999,501	구ㅇ남			141842

2,000만원이 출금되며 현금 1,000만원, 수표가 총 1,000만원이 발행되었다면 "현금"거래와 "대체"거래가 모두 발생했기 때문에 은행원은 거래구분에 "현금"또는 "대체"중 어떤 것을 표기해도 무방하다. 따라서 거래내역에 "현금"이라고 표기되어 있다고 할지라도 수표거래가 있을 수 있다.

※ 출금액 2,000만원=현금 1,000만원(현금거래)+수표 1,000만원(대체거래)
※ 전표 : 금융거래의 내역을 일정한 양식에 간단명료하게 기재한 문서
※ 대체 : 현금의 수급 없이 장부상의 이동기재만으로 발생한 거래

거래내역이 아래와 같다면 현금으로 200만원을 출금한 것으로 판단된다. 그러나 거래의 전표를 확인하면 자기앞수표가 발행되었음을 알 수 있다.

제6장 - 자기앞수표의 추적

<표 6-5> 청구서의 거래일자

거래일자	거래시간	적요	지급금액	입금금액	잔액	거래점	입출금명
20060227	160436	현금	2,000,000		999,501	일산	

<그림 6-16> 청구서의 예시

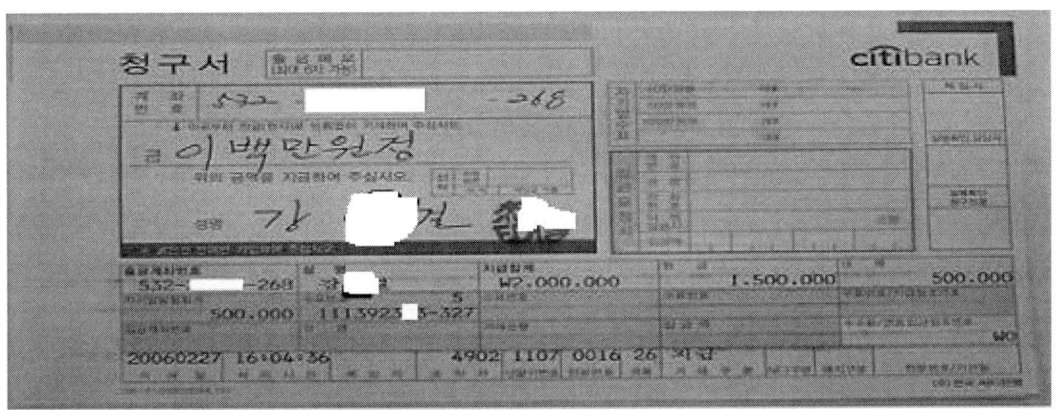

※ 출금액 200만원, 현금 150만원, 수표발행액 50만원, 수표매수 5매, 수표번호 11392323~11392327(5매)가 거래되었음을 알 수 있다.

<그림 6-17> 전표의 예

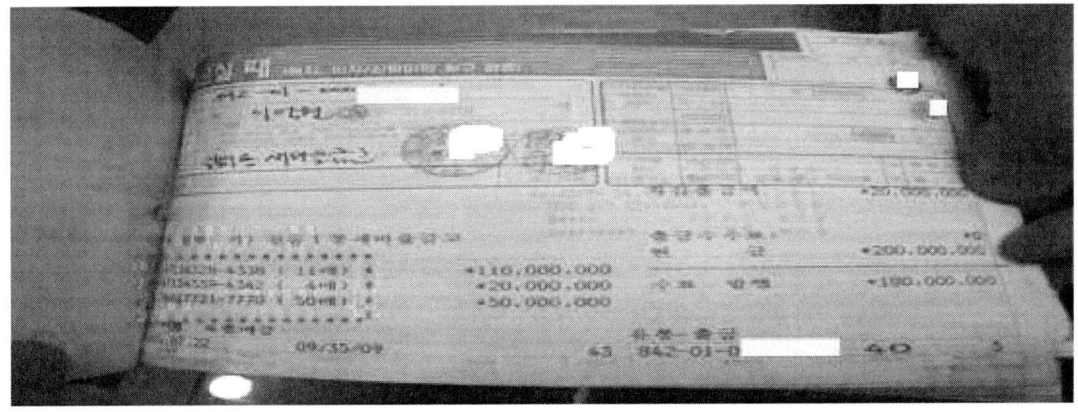

위와 같이 2억원이 출금되면서 수표가 총 1억8,000만원, 현금이 2,000만원이 출금되었음을 알 수 있고 다른 액면가의 수표가 65매가 발행되었음을 알 수 있다. 전표를 확인하고 출금된 자기앞수표를 확인하고 이를 추적한바, 출금된 자기앞수표를 자원으로 수표가 재발행 되었을 경우 재발행 된 수표를 추적하여야 한다.

<그림 6-18> 계좌추적 체계도

위와 같이 추적계좌에서 10만원권 10매가 발행되어 이를 추적한바, 10만원권 10매가 100만원권 1매로 재발행된 것으로 확인하였다. 이 경우 수사관은 재 발행된 100만원권 수표 1매를 추적하여야 한다.

※ (재발행 100만원권 1매) 수표 : 출금된 수표를 자원으로 재 발행된 수표

무엇보다 전표를 확인한바 수표가 입금되었다면 입금된 수표를 추적해야 한다. 전표의 입금 수표번호와 수표 발행은행을 확인하여 발행은행에 자기앞수표 발행의뢰서를 요구하여야 한다.

<그림 6-19> 추적의 대상

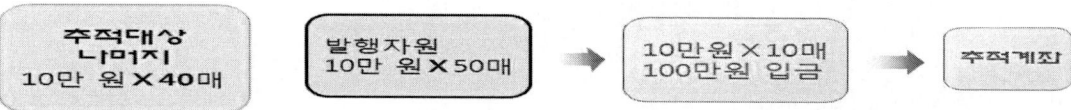

※ 추적계좌에 100만원 입금시 전표를 보면 10만원권 10매가 입금자원으로 확인된다. 이때 10만원권 10매의 자기앞수표 발행의뢰서를 확인하면 10만원권 10매와 함께 발행된 10만원권 수표 40매도 확인할 수 있다. 이 경우 수사관은 입금된 수표 10만원권 10매와 함께 발행된 나머지 40매의 수표도 추적해야 한다.

<그림 6-20> 자기앞수표 발행의뢰서

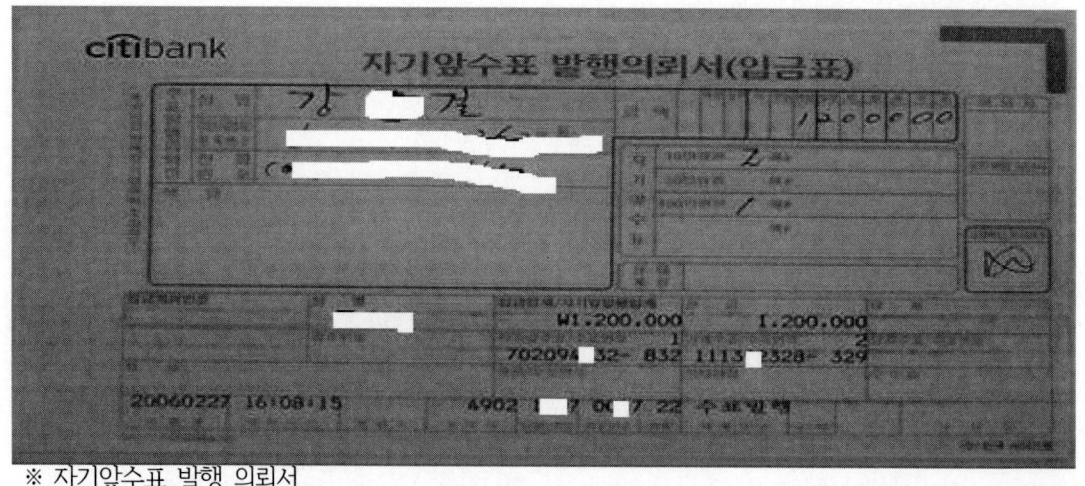

※ 자기앞수표 발행 의뢰서

120만원의 현금으로 100만원권 수표 1매와 10만원권 수표 2매를 발행 의뢰한 것을 알 수 있다.

제7장 계좌영장 분석요령

1. 계좌추적의 범위 선정

단순 거래내역을 압수하는 정도의 자금추적이 아니라 자금의 흐름을 건별로 규명하기 위한 복잡한 유형의 자금추적은 전표, 수표 자료의 압수만으로도 최소 1~2개월 이상이 소요될 수가 있다. 특히 법인계좌 거래내역을 추적하는 경우, 계좌가 최소 10개 이상에 달하고 거래내역자료가 방대하여 자료의 정리만으로도 상당한 시일이 소요되는 것이 다반사이고, 수많은 입·출금 내역 중 어떤 내역이 범죄혐의와 관련된 것인지 특정하는 것이 매우 어려운 경우가 있다.

이에 따라, 복잡한 유형의 자금추적에 있어서 모든 거래내역의 전표를 확인하겠다거나 모든 연결계좌를 파악해보겠다, 10만원권 수표까지 추적하겠다라는 막연한 목표를 설정하기 보다는 범죄혐의와 연관된 내역을 선별하여 필요한 전표, 수표만 추적하는 요령이 필요하다.

한편 거래내역을 분석함에 있어서는 사안별로 구분할 필요가 있다.

> ▶ 유사수신 범행에 있어, 피해자 특정을 위하여는 입금자원 또는 입금자원과 연결된 계좌의 CIF를 선별하고, 유사수신 범행으로 취득한 자금이 어디로 흘러갔는지 규명하기 위해 출금자원 중 거액만을 추출하여 전표를 확인하거나 출금자원과 직후로 연결된 계좌의 CIF를 선별한다.
> ▶ 법인거래내역을 분석하는 경우, 10,000원 단위 이하 절삭금액(예컨대, 1억 1,000만원 등)의 거래내역과 관련된 자료에 집중한다.
> ※ 정상적인 거래에 있어서는 부가세 등이 포함되어 1원단위까지 표기되는 것이 일반적임
> ▶ 뇌물수수 공무원의 계좌를 분석하는 경우, 우선 거액이 입금된 내역에 집중함.
> ▶ 뇌물공여자의 계좌를 분석하는 경우, 출금액에 집중한다.

2. 거래상대방 조사

실무에서는 종종 연결계좌에 대한 CIF, 또는 수표입금자에 대한 CIF를 확인하고 마치 자금추적이 끝난 것처럼 생각하는 경우가 있다. 그러나, 범죄혐의자의 계좌와 연결된 계좌주가 누구인지 혹은 수표거래를 한 사람이 어떠한 연관이 있는지까지 규명하는 것이 자금추적의 목표인 만큼, CIF를 통해 확인된 거래자들에 대하여 KICS상 수사대상자 검색, 건강보험공단에 직업조회 의뢰, 온나라조회에 의한 가족조회 등은 기본적으로 활용하여야 한다.

□ 거래점포 조회방법

입·출금 거래내역을 확인한 뒤, '전표'를 압수하고자 하는 경우 해당 전표를 보관하는 지점·점포에 재차 압수영장을 집행해야 하는 때가 있다(물론, 본점에서 BPR을 운영하는 금융기관은 본점에서 전표를 제공하기도

한다). 또한, 거래점포가 자금추적 수사에 있어 유의미한 경우를 갖는 때가 있는데, 예컨대 법인의 주거래은행 지점에서 출금되지 아니하고 법인의 업무를 감독하는 공공기관 인근의 점포에서 현금이 출금되는 경우, 공무원의 주거지 또는 사무실 인근의 점포에서 현금이 입금되지 아니하고 당해 공무원의 연고와 아무런 연관이 없는 곳에서 거액의 현금이 입금되는 경우, 계좌개설인의 주거지와 실제 입·출금 거래가 발생한 거래점포가 완전히 상이한 경우 등이 다양하다.

우선 거래점포는 금융기관에서 제공하는 '입·출금 거래내역'에 한글 또는 번호로 표기되는데 이와 같은 거래점포코드를 확인하기 위하여는 '금융결제원'(http://kftc.or.kr) 홈페이지 좌측하단의 '금융기관 코드조회' 서비스를 이용하는 것이 원칙이나, 일부 은행의 경우 거래점포코드 표기시 자행은행과 타행은행을 구분하는 경우가 있어 해당 은행 홈페이지의 영업점조회서비스 기능을 활용해야 거래점포를 알 수 있는 경우도 있다.

※ 인터넷 이용이 용이한 경우 금융결제원 홈페이지에 직접 접속하여 조회하여도 좋고, 내외부망 전환이 용이하지 아니한 경우 하단의 자료를 엑셀로 다운받아 이용해도 된다(본 매뉴얼 부록에 게시).

<표 7-1> 주요 은행별 영업점 점포코드 조회 방법[1]

연번	금 융 기 관 (코드 보는 방법)	금융결제원 조회 (은행 대표 코드)	금융결제원 조회방법 (예외 조회 구분[2] 참조)
1	국민은행	004****, 079**** 006****, 019**** 029****	좌측과 같이 시작하는 6~7자리의 점포코드는 금융결제원 접속 조회
2	IBK 기업은행	002****	위와 같은 방법
3	신한은행	088****, 021**** 026****, 028**** 278****	위와 같은 방법
4	한국외환은행	005****	위와 같은 방법
5	스탠다드차터드은행	023****	위와 같은 방법
6	하나은행	081****, 025**** 080****, 033**** 082****	위와 같은 방법
7	한국씨티은행	027****, 036**** 053****	위와 같은 방법
8	NH농협은행 및 지역 농·축협	중앙회> 010**** 011****, 016**** 지역>012~015**** 017****, 018****	위와 같은 방법 중앙회>000209, 000055 코드배열 지역> 217054 등으로 코드배열 "000"으로 시작하면 중앙회
9	수협중앙회	007****, 009****	좌측과 같이 시작하는 6~7자리의 점포코드는 금융결제원 접속 조회
10	우리은행	020****, 022**** 024****, 083**** 084****	좌측과 같이 시작하는 6~7자리의 점포코드는 금융결제원 접속 조회
11	우정사업정보센타 (우체국)	071~075****	좌측과 같이 시작하는 6~7자리의 점포코드는 금융결제원 접속 조회
12	새마을금고 연합회와 각 지역 새마을금고	045****, 0046*** 085****, 086****	좌측과 같이 시작하는 6~7자리의 점포코드는 금융결제원 접속 조회
13	신협중앙회	047~049****	좌측과 같이 시작하는 6~7자리의 점포코드는 금융결제원 접속 조회

제7장 - 계좌영장 분석요령

※ 은행코드 보는 방법

○○○○○○ 6자리 일 경우 앞 2자리 ○○(은행코드) 뒤 4자리 ○○○○(영업점 코드)
○○○○○○○ 7자리 일 경우 앞 3자리 ○○○(은행코드) 뒤 4자리 ○○○○(영업점 코드)

<표 7-2> 주요 은행별 영업점 점포코드 조회 방법[2]

연번	금융기관별 코드	금융결제원 안 될 경우	금융결제원 or 은행 홈페이지	
			은행 조회명칭	조회구분
1	국민	098, 04-098 등 3자리일 경우	금융결제원 엑셀코드(별첨자료)에 3자리 "098" 입력 조회 조회결과 ▶ *04098* 영업점	
2	IBK 기업은행	**** or 02-**** 등 4자리일 경우	국내영업점, PB 자동화, 기업금융	홈페이지 접속하여 4자리 코드조회
3	신한은행	점포코드 **** 4자리일 경우	국내영업점 자동화코너	홈페이지 접속하여 4자리 코드조회
4	한국외환은행	점포코드 **** 4자리일 경우	국내영업점 자동화코너	홈페이지 접속하여 4자리 코드조회
5	스탠다드차터드은행	997 등 3자리일 경우	금융결제원 엑셀코드(별첨자료)에 3자리 "997" 입력 조회 조회결과 ▶ 023997* 영업점	
6	하나은행	점포코드 **** 4자리일 경우	국내지점, 자동화 하나금융프라자	홈페이지 접속하여 4자리 코드조회
7	한국씨티은행	홈페이지 조회 없음	금융결제원에서 조회가 되지 않으면 영장 집행한 담당자에게 전화문의	
8	NH농협은행 및 지역 농.축협	NH농협은 000*** 등으로 시작 된다.	NH농협은행 자동화코너	홈페이지 접속하여 점포번호 모두입력 코드조회
		지역 농.축협은 217054 등으로 조합	지역 농.축협 자동화코너	
9	수협중앙회	007-2030 등 4자리 경우 끝자리 "0"제외 203 앞 3자리 입력 조회	지점, 365코너 바다마트/회상 기타사업소	홈페이지 접속하여 3자리 코드조회
10	우리은행	20-1240 등 4자리 경우 끝자리 "0"제외 20124 5~6자리 입력 조회	지점, 영업점 365 OK코너 자동화기기	홈페이지 접속하여 5~6자리코드조회
11	우정사업정보센타 (우체국)	홈페이지 조회 없음	금융결제원에서 조회가 되지 않으면 영장 집행한 담당자에게 전화문의	
12	새마을금고 연합회와 각 지역 새마을금고	홈페이지 조회 없음	금융결제원에서 조회가 되지 않으면 영장 집행한 담당자에게 전화문의	
13	신협중앙회	금융결제원과 동일	금융결제원에서 조회가 되지 않으면 영장 집행한 담당자에게 전화문의	

※ ○○-○○○○, ○○○-○○○○ 뒤 4자리, ○○○ 3자리, ○○○○ 4자리 등의 은행코드 조회 방법
"-"가 있는 경우나 3자리, 4자리는 국민, SC를 제외한 해당은행 홈페이지 조회

<표 7-3> 금융기관 공동코드 기관코드 부여현황(2012. 3. 2 현재)

대표코드	참가기관명	비 고	대표코드	참가기관명	비 고
001	한국은행		209	동양증권	
002	산업은행		218	현대증권	
003	기업은행		230	미래에셋증권	
004	국민은행	006,019,029,079	238	대우증권	
005	외환은행		240	삼성증권	
007	수협중앙회	009	243	한국투자증권	
008	수출입은행		247	우리투자증권	
011	농협은행	010,016	261	교보증권	
012	지역농·축협	013,014,015,017,018	262	하이투자증권	
020	우리은행	022,024,083,084	263	HMC투자증권	
023	한국스탠다드차타드은행		264	키움증권	
027	한국씨티은행	036,053	265	이트레이드증권	
031	대구은행		266	SK증권	
032	부산은행		267	대신증권	
034	광주은행		268	솔로몬투자증권	
035	제주은행		269	한화증권	
037	전북은행		270	하나대투증권	
039	경남은행		278	신한금융투자	
045	새마을금고중앙회	046,085,086	279	동부증권	
048	신협중앙회	047,049	280	유진투자증권	
050	상호저축은행		287	메리츠종합금융증권	
052	모건스탠리은행		289	NH농협증권	
054	HSBC은행		290	부국증권	
055	도이치은행		291	신영증권	
056	알비에스은행		292	LIG투자증권	
057	제이피모간체이스은행				
058	미즈호코퍼레이트은행				
059	미쓰비시도쿄UFJ은행				
060	BOA은행				
064	산림조합중앙회				
071	지식경제부 우체국	072,073,074,075			
076	신용보증기금				
077	기술보증기금				
081	하나은행	025,080,033,082			
088	신한은행	021,026,028			
092	한국정책금융공사				
093	한국주택금융공사				
094	서울보증보험				
095	경찰청				
096	한국전자금융(주)				
099	금융결제원				

□ 인터넷뱅킹 거래분석시 유의사항

최근 인터넷뱅킹의 이용이 급증하고 있는데, 인터넷뱅킹은 송금시 송금자명을 원하는 대로 변경할 수가 있다. 계좌영장에 의해 금융기관으로부터 입.출금 거래내역을 제공받는 경우, 인터넷뱅킹에 의한 송금시 변경된 송금자 명의로 표기된 자료가 회신된다. 이에 따라, 계좌거래내역 분석시 거래상대방.또는 적요란을 눈으로 훑어보고 혐의거래내역을 놓치는 경우가 빈번한데, 인터넷뱅킹.전자금융거래 등으로 표기되는 인터넷뱅킹 거래에 있어서는 반드시 계좌번호 위주로 분석하여야 하고, 연결계좌의 CIF를 요청하든지 아니면 수사관 개인의 인터넷 뱅킹으로 연결계좌의 계좌주가 동일한지 여부를 확인해 볼 필요가 있다.

<그림 7-1> 인터넷 뱅킹 사례

	A	B	C	D	E	F	G	H	I
1	거래일자	상태	거래구분	거래금액	표면잔액	취급점	단말	입금의뢰인성명	이체상대계좌번호
2	20060306	입금	전자금융	50,000,000	51,188,138	21[redacted]	07	이[redacted]숙	215[redacted]

⇨ 위는 ○○건설업체 대표 A의 개인계좌(○○은행) 거래내역으로, '이○숙'은 A의 처로 파악되어 처음 계좌분석시 단순 가족간 금전거래로 판단하였으나, 추후 연결계좌 21500000000의 CIF를 파악해본 결과 실지로는 법인 계좌로서 자금을 횡령한 사례 임.

<그림 7-2> 허위임금을 지급한 내역을 특정한 사례

	A	B	C	D	E	F	G	H	I	J
1	거래일자	거래시각	상태	거래구분	입금액	출금액	표면잔액	취급점	입금의뢰인성명	순체상대계좌번호
2	2011-07-25(월)	15:03:55	입금	대체입금	63,246,920		63,268,720	부산		
3	2011-07-25(월)	15:10:09	출금	인터넷출금		3,082,330	60,186,390	부산	금 므금여	70401 9473
4	2011-07-25(월)	15:10:09	출금	인터넷출금		2,110,970	58,075,420	부산	금 한개차장	40807 4080
5	2011-07-25(월)	15:10:13	출금	인터넷출금		1,852,850	56,222,570	부산	금 남포고실	87830 045574
6	2011-07-25(월)	15:10:15	출금	인터넷출금		2,649,920	53,572,650	부산	금 해주무장	35701 73975
7	2011-07-25(월)	15:27:54	출금	인터넷출금		2,289,650	51,283,000	부산	무 금활노임	99080 07012
8	2011-07-25(월)	15:27:57	출금	인터넷출금		1,194,600	50,088,400	부산	무 인사노임	99080 07018
9	2011-07-25(월)	15:28:00	출금	인터넷출금		2,389,200	47,699,200	부산	무 중준노임	19718 700
10	2011-07-25(월)	15:28:03	출금	인터넷출금		2,289,650	45,409,550	부산	무 운수노임	80187 93
11	2011-07-25(월)	15:28:06	출금	인터넷출금		1,393,700	44,015,850	부산	무 인복노임	99080 07018
12	2011-07-25(월)	15:28:07	출금	인터넷출금		99,550	43,916,300	부산	무 대덕노임	71103 030953
13	2011-07-25(월)	15:28:08	출금	인터넷출금		99,550	43,816,750	부산	무 향순노임	71103 718107
14	2011-07-25(월)	15:28:10	출금	인터넷출금		1,692,350	42,124,400	부산	무 선수노임	99080 07018
15	2011-07-25(월)	15:28:10	출금	인터넷출금		398,200	41,726,200	부산	무 오개노임	70908 030734
16	2011-07-25(월)	15:28:12	출금	인터넷출금		995,500	40,730,700	부산	무 상한노임	11277 4795
17	2011-07-25(월)	15:35:12	출금	인터넷출금		2,737,630	37,993,070	부산	무 근임건수	77870 1387
18	2011-07-25(월)	15:35:12	출금	인터넷출금		2,857,180	35,135,890	부산	무 근서영미	77870 1387
19	2011-07-25(월)	15:35:14	출금	인터넷출금		2,817,180	32,318,710	부산	무 근최소현	77870 1387
20	2011-07-25(월)	15:35:16	출금	인터넷출금		2,837,180	29,481,530	부산	무 근최현주	77870 1387
21	2011-07-25(월)	15:35:17	출금	인터넷출금		2,837,180	26,644,350	부산	무 근부민복	77870 1387
22	2011-07-25(월)	15:35:18	출금	인터넷출금		2,837,180	23,807,170	부산	무 근안기옥	77870 1387
23	2011-07-25(월)	15:35:19	출금	인터넷출금		2,837,180	20,969,990	부산	무 근최옥화	77870 1387
24	2011-07-25(월)	15:35:19	출금	인터넷출금		2,687,850	18,282,140	부산	무 근우금희	77870 1387

⇨ 위 계좌는 A건설사 법인계좌로서 인터넷뱅킹을 이용하여 노임을 지급한 것처럼 표기되어 있으나, 실제 계좌번호를 살펴보면 동일한 계좌가 있으며, 입금 상대방만 상이하게 표기하는 방식으로 허위임금을 지급한 내역을 특정한 사례

> **질문있습니다!**
>
> Q : 수사관 개인의 인터넷뱅킹으로 연결계좌의 계좌주를 확인한다는게 무슨 뜻인가요?
> A : 예컨대, 혐의의심 거래와 연결된 계좌가 ○○은행 123-854-741 계좌인 경우 이를 금융기관에 CIF를 요청하여 자료를 받으려고 한다면 자료회신시까지 1~2일 정도 소요되는 것이 보통이고, 이런 방식으로 CIF를 제공받으면 차후 경찰청에서 통보비용까지 부담해야 합니다.
> 이런 번거로움을 해결할 수 있는 쉬운 방법이 있는데, 수사관이 인터넷뱅킹을 이용한다면 인터넷뱅킹에 접속하여 혐의의심계좌 즉, 국민은행 963-854-741 계좌에 10원을 송금하겠다고 입력하면, 최종 송금여부를 확인하기 전 위 ○○은행 123-854-741 계좌주 '홍길동'에게 송금하는 것이 맞나요라는 메시지가 나옵니다. 이를 이용해 위 계좌주의 성명을 손쉽게 알아낼 수 있습니다.(만약 인터넷뱅킹을 이용하지 않는다면 경찰서 인근의 ATM기를 방문하여 현금카드를 삽입하고 위 계좌에 10원을 송금하겠다고 입력후 기다리면 마찬가지로 그 계좌의 계좌주를 알아낼 수 있다). 물론, '확인'을 눌러 10원이 송금되는 불상사는 없어야겠죠?

☐ **휴대전화 통화내역과 비교분석**

계좌거래내역의 분석은 단순히 계좌만 살펴보는 것이 아니라 휴대전화 통화내역과 비교분석하여 효율적인 결과를 도출할 수 있다.

<그림 7-3> ATM기에 다액의 현금이 입금된 내역

	A	B	C	D	E	F	
1	거래일	거래시각	입금액	적요	입지내역	상대은행	
2	2010-09-03 (금)	22:05	999,000	ATM입금	타행CD이체	I은행	송지점
3	2010-09-03 (금)	22:06	999,000	ATM입금	타행CD이체	I은행	송지점
4	2010-09-03 (금)	22:07	999,000	ATM입금	타행CD이체	I은행	송지점
5	2010-09-03 (금)	22:08	999,000	ATM입금	타행CD이체	I은행	송지점
6	2010-09-03 (금)	22:09	999,000	ATM입금	타행CD이체	I은행	송지점
7	2010-09-03 (금)	22:10	999,000	ATM입금	타행CD이체	I은행	송지점
8	2010-09-03 (금)	22:11	999,000	ATM입금	타행CD이체	I은행	송지점
9	2010-09-03 (금)	22:12	999,000	ATM입금	타행CD이체	I은행	송지점
10	2010-09-03 (금)	22:13	849,000	ATM입금	타행CD이체	I은행	송지점
11	2010-09-03 (금)	22:14	999,000	ATM입금	타행CD이체	I은행	송지점
12	2010-09-03 (금)	22:15	999,000	ATM입금	타행CD이체	I은행	송지점
13	2010-09-03 (금)	22:16	999,000	ATM입금	타행CD이체	I은행	송지점
14	2010-09-03 (금)	22:17	999,000	ATM입금	타행CD이체	I은행	송지점
15	2010-09-03 (금)	22:18	899,000	ATM입금	타행CD이체	I은행	송지점
16	2010-09-03 (금)	22:19	999,000	ATM입금	타행CD이체	I은행	송지점
17	2010-09-03 (금)	22:20	999,000	ATM입금	타행CD이체	I은행	송지점
18	2010-09-03 (금)	22:22	999,000	ATM입금	타행CD이체	I은행	송지점
19	2010-09-03 (금)	22:23	999,000	ATM입금	타행CD이체	I은행	송지점
20	2010-09-03 (금)	22:24	999,000	ATM입금	타행CD이체	I은행	송지점
21	2010-09-03 (금)	22:25	999,000	ATM입금	타행CD이체	I은행	송지점
22	2010-09-03 (금)	22:26	999,000	ATM입금	타행CD이체	I은행	송지점
23	2010-09-03 (금)	22:27	999,000	ATM입금	타행CD이체	I은행	송지점
24	2010-09-03 (금)	22:28	999,000	ATM입금	타행CD이체	I은행	송지점

⇨ 뇌물수수 혐의자의 계좌거래내역을 분석한 결과 혐의자 주거지 부근 ATM기에서 다액의 현금이 입금된 내역 확인.

제7장 - 계좌영장 분석요령

<그림 7-4> 뇌물혐의자와 공여자 관련 자료

⇨ 뇌물수수 혐의자의 통화내역을 분석한 결과, ATM기를 이용하여 다액의 현금을 입금하기 직전 뇌물을 공여한 것으로 추정되는 자와 혐의자의 주거지 인근에서 통화한 내역 발견

⇨ 위와 같은 통화내역과 거래내역을 토대로 혐의자와 공여자를 추궁하여 뇌물공여·수수사실 입증

⇨ 뇌물수수 용의자의 통화내역과 거래내역을 동시에 분석하여 뇌물공여 의심자와 동일기지국이 발생한 시점에(만났을 것이라고 추정되는 시점) 현금이 계좌에 입금된 내역을 분석하여 뇌물수수 사실을 입증한 사례

☐ 계정별 원장(회계장부)와 비교분석

법인계좌의 거래내역을 분석하는 경우, 일반적으로 개인과는 달리 거래내역이 방대한 경우가 많다. 이러한 경우 어떠한 거래가 범죄와 관련된 것인지 특정하는 것이 곤란할 수 있는데, 계정별 원장과 비교하여 혐의의심 거래를 쉽게 추출해 낼 수 있다.

수사초심자들에게는 다소 어려운 내용일 수 있으나, 기업범죄 수사에 있어서는 반드시 병행되어야 할 분석기법이므로 소개하기로 한다.

1. 사건 개요

A법인의 대표이사 갑이 장부를 조작하여 법인 자금을 횡령하고 그 자금을 공무원 을에게 뇌물로서 공여한 사례

2. 사건의 진행

가. A법인 장부의 분석

A법인은 직원들에게 급여도 제때에 지급을 하지 못하는 등 자금사정이 좋지 않은 회사였으나, 임직원에 대한 가지급금 명목으로 이**에게 지급한 금액이 상당수에 달한 것을 확인하였다.

<그림 7-5> A법인의 가지급금 내역

과 목	제 2 (당)기 금액	제 1 (전)기 금액
자 산		
I. 유 동 자 산	4,081,457,540	1,837,221,100
(1)당 좌 자 산	4,059,728,013	1,496,574,248
현 금	2,378,110	1,788,504
보 통 예 금	317,358,908	407,063,747
정 기 예 적 금	185,000,000	0
외 상 매 출 금	510,788,360	43,327,000
단 기 대 여 금	641,961,004	363,585,071
미 수 수 익	53,065,494	7,716,271
미 수 금	46,498,867	39,175,590
매 도 가 능 증 권	78,000,000	78,000,000
외 화 예 금	59,266	13,135
선 급 비 용	1,932,891,391	396,789,778
가 지 급 금	183,070,599	0
(이하 생략)		

위 그림의 대차대조표를 보면 전년도에 비하여 가지급금이 1억 8,000만원 상당이 증가한 사실을 확인할 수 있다.

※ 참고: 가지급금은 임시계정이기 때문에 금융감독원 전자공시시스템 등에 공시되는 재무제표에는 기재가 되지 않는다. 따라서 가지급금에 대하여 검토를 하고자 할 때에는 외부에 공시된 자료가 아닌 회사에서 제출한 자료를 봐야 한다.

제7장 - 계좌영장 분석요령

<그림 7-6> 법인의 미지급금과 단기차입금 등 부채 내역

대 차 대 조 표

제 2기 2008년 12월 31일 현재
제 1기 2007년 12월 31일 현재

회사명 : ○○○○○ (주) (단위 : 원)

과 목	제 2 (당)기 금액		제 1 (전)기 금액	
시 설 장 치	8,861,000		8,861,000	
감 가 상 각 누 계 액	5,966,784	2,894,216	2,729,188	6,131,812
(3)무 형 자 산		2,150,000		2,400,000
소 프 트 웨 어		2,150,000		2,400,000
(4)기 타 비 유 동 자 산		80,000,000		82,660,000
임 차 보 증 금		80,000,000		80,000,000
기 타 보 증 금		0		2,660,000
자 산 총 계		4,219,989,429		2,005,659,432
부 채				
Ⅰ.유 동 부 채		3,156,944,638		1,263,984,993
외 상 매 입 금		419,309,568		44,891,043
미 지 급 금		**700,366,111**		**200,790,694**
예 수 금		4,232,820		5,814,060
부 가 세 예 수 금		291,605,693		278,901,436
가 수 금		22,000,000		707,385,917
단 기 차 입 금		**1,700,000,000**		**16,460,000**
미 지 급 비 용		19,430,446		9,741,843
Ⅱ.비 유 동 부 채		30,000,000		30,000,000
임 대 보 증 금		30,000,000		30,000,000
부 채 총 계		3,186,944,638		1,293,984,993
자 본				
Ⅰ.자 본 금		500,000,000		500,000,000
자 본 금		500,000,000		500,000,000
Ⅱ.자 본 잉 여 금		0		0
Ⅲ.자 본 조 정		0		0
Ⅳ.기타 포괄 손익 누계		0		0
Ⅴ.이 익 잉 여 금		533,044,791		211,674,439
미처분 이익 잉여금		533,044,791		211,674,439
(당 기 순 이 익)				
당기 : 321,370,352원				
전기 : 206,874,439원				
자 본 총 계		1,033,044,791		711,674,439
부 채 와 자 본 총 계		4,219,989,429		2,005,659,432

미지급금과 단기차입금이 급격하게 증가하는 것을 확인할 수 있으며, 이렇듯 부채가 증가하는 상황에서도 임직원에 대한 가지급금은 증가하였다.

※ 대차대조표 : 일정 시점의 기업 재무상태가 나타나 있는 표로서, 재무상태표 라고도 불린다. 대차대조표를 검토함으로써 기업의 자산, 부채, 자본 내역을 쉽게 파악할 수 있다.

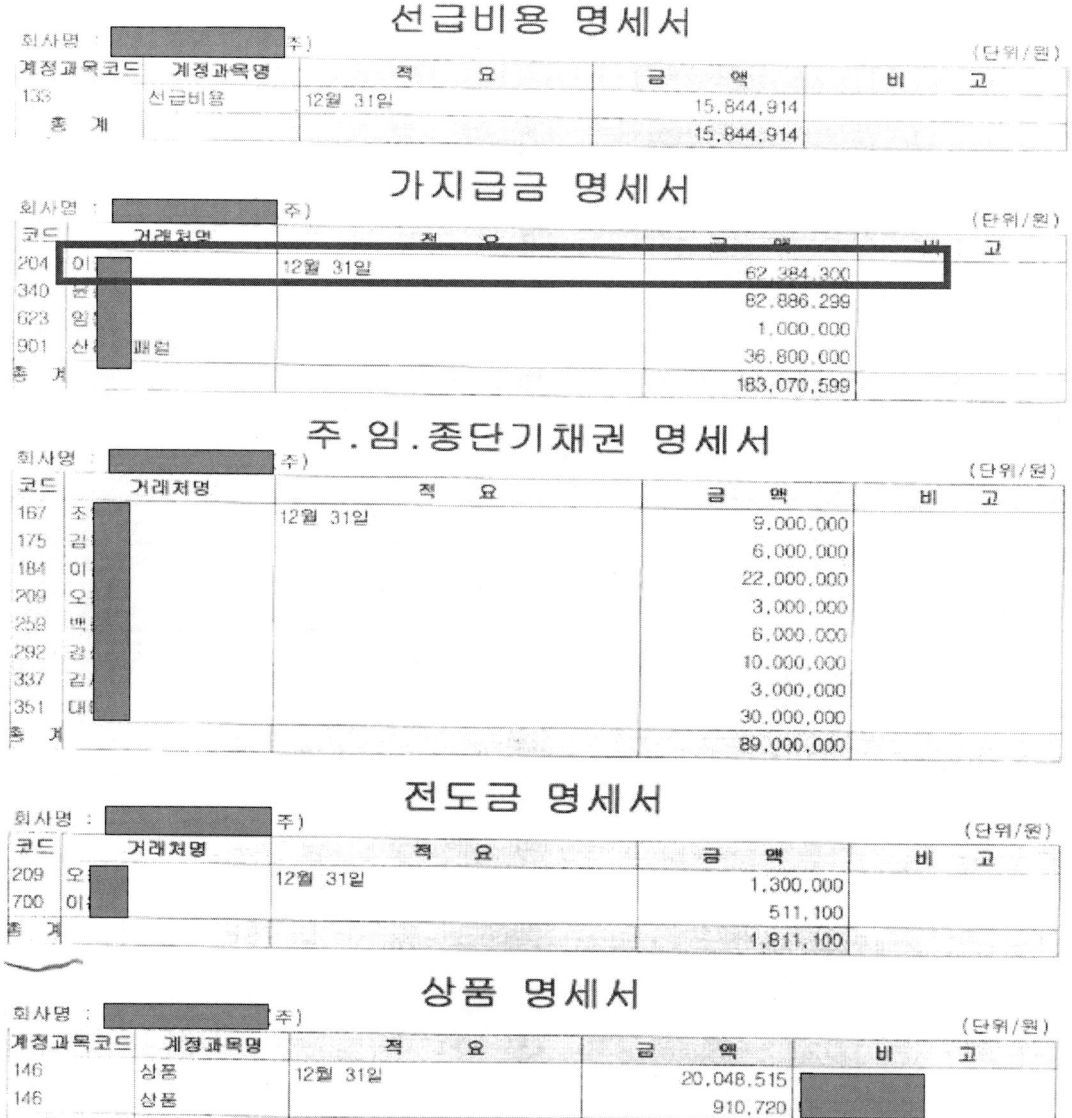

<그림 7-7> 가지급금 내역

위와 같이 자금사정이 좋지 않은 회사가 임원도 아닌 직원에게 지급한 가지급금이 상당액에 달하는 것을 확인하고, 그 상세 내역을 조회한 바 A법인의 직원 이**에게 매달 일정한 금액이 지급이 된 것으로 가지급금 거래처별 원장상에 기재가 된 것을 확인할 수 있었다. 위 그림 가지급금 명세서를 보면 이**에게 가지급금으로 약6,000만원을 지급한 것을 확인할 수 있다.

제7장 - 계좌영장 분석요령   - 123 -

<그림 7-8> 직원 이**에 대한 가지급금 거래처원장 일부

거래처 원장(내용)
2008.01.01 - 2008.12.31

날짜	적요	차변	대변	잔액
02-01	업무가지급	3,000,000		3,000,000
✓02-21	업무가지급	1,000,000		4,000,000
	[월 계]	4,000,000		
	[누 계]	4,000,000		
✓03-05	업무가지급금	3,000,000		7,000,000
03-20	업무가지급금	50,000		7,050,000
	[월 계]	3,050,000		
	[누 계]	7,050,000		
✓04-02	가지급금	3,000,000		10,050,000
04-04	업무가지급금	2,000,000		12,050,000
✓04-30	가지급금	3,000,000		15,050,000
	[월 계]	8,000,000		
	[누 계]	15,050,000		
05-27	업무가지급 정산/3.20		50,000	15,000,000
✓05-30	업무가지급	3,000,000		18,000,000
	[월 계]	3,000,000	50,000	
	[누 계]	18,050,000	50,000	
06-05	업무가지급지급	351,000		18,351,000
06-13	업무가지급금 정산대체		351,000	18,000,000
✓06-30	업무가지급	3,000,000		21,000,000
	[월 계]	3,351,000	351,000	
	[누 계]	21,401,000	401,000	
07-14	업무가지급	2,000,000		23,000,000
✓07-31	가지급금	3,000,000		26,000,000
	[월 계]	5,000,000		
	[누 계]	26,401,000	401,000	
08-05	가지급금	4,000,000		30,000,000
✓08-29	가지급금	3,000,000		33,000,000
	[월 계]	7,000,000		
	[누 계]	33,401,000	401,000	
09-23	단기채권에서대체	3,000,000		36,000,000
✓09-30	단기채권에서대체	3,000,000		39,000,000
	[월 계]	6,000,000		
	[누 계]	39,401,000	401,000	
✓10-31	업무가지급	3,000,000		42,000,000
	[월 계]	3,000,000		
	[누 계]	42,401,000	401,000	
11-06	$30091281 전도금	384,300		42,384,300
11-20	업무가지급	3,000,000		45,384,300

위와 같이 300만원씩 수회에 걸쳐 직원 이**에 대한 가지급금으로 지급이 된 것을 거래처원장으로 확인할 수 있다.

나. 회계처리와 계좌내역 일치 여부 확인

매달 일정한 금액이 이**라는 직원에게 지급이 된 것을 확인하고 A법인과 이**의 계좌추적용 압수수색영장을 발부받아 이들에 대한 계좌추적을 한 바, 거래처 원장에 기재된 날짜에는 A법인에서 이**에게 금액을 지급된 것처럼 되어 있으나, A법인의 거래내역상으로는 A법인과 이**사이에 이러한 금전거래내역을 확인할 수 없었고, 동일 날짜에 동일 액수로 수년전에 퇴사한 직원 백은○의 신○은행(계좌번호11669697399)통장으로 입금된 사실을 확인할 수 있었다.

<그림 7-9> A법인과 백은○의 계좌 거래

은행	계좌번호	개설주	거래일	요일	거래시간	거래구분	출금액	출금정보	입금액	입금정보	연동정보 (원권거래액_무건)	잔액	거래은행 (원권잔액)
외환	631115460	A법인	2008-03-05	수	14:43:04	자동이체	35,051					1,025,143	
외환	631115460	A법인	2008-03-05	수	16:22:17	전자금융이체	3,000,900	백은			1166 7399	1,024,643	신○은행-08
외환	631115460	A법인	2008-03-05	수	19:24:42	인출지결금	4,400					1,021,243	
외환	631115460	A법인	2008-04-02	수	13:44:45	인터넷지로납부	290,209	인터넷 지로대금납부				459,606,323	
외환	631115460	A법인	2008-04-02	수	13:44:46	인터넷지로납부	319,106	인터넷 지로대금납부				459,367,217	
외환	631115460	A법인	2008-04-02	수	13:44:49	인터넷지로납부	28,724	인터넷 지로대금납부				459,338,493	
외환	631115460	A법인	2008-04-02	수	14:44:01	전자금융이체	3,000,500	백은			11669 399	455,337,993	신○은행-08
외환	631115460	A법인	2008-04-02	수	15:30:17	전자금융이체	51,840	과외태크숍			3876 879	455,286,153	국○-04
외환	631115460	A법인	2008-04-30	수	15:42:20	현금	1,868,220					60,224,477	
외환	631115460	A법인	2008-04-30	수	15:42:39	대체	3,220,930					57,003,547	
외환	631115460	A법인	2008-04-30	수	17:50:39	전자금융이체	3,000,500	백은			11669 7399	54,003,047	신○은행-08
외환	631115460	A법인	2008-05-30	금	14:22:14	전자금융이체	2,907,294	김석			15788 25664	26,753,509	은행-05
외환	631115460	A법인	2008-05-30	금	15:30:13	대체			150,000	****여		8,655,729	
외환	631115460	A법인	2008-05-30	금	16:47:24	전자금융이체	3,000,500	백은			11669 7399	5,655,229	신○은행-08
외환	631115460	A법인	2008-05-30	금	16:52:39	해정이체			75,000	****여	42495 1222	5,730,229	국-기
외환	631115460	A법인	2008-06-30	월	10:29:54	전자금융이체	2,394,590	김석			55557 79852	342,518,379	국○은행-04
외환	631115460	A법인	2008-06-30	월	10:29:38	전자금융이체	1,430,800	임□			37657 7299	341,087,579	신○은행-08
외환	631115460	A법인	2008-06-30	월	10:31:23	전자금융이체	3,000,500	백은			11669 7399	338,087,079	신○은행-08
외환	631115460	A법인	2008-06-30	월	10:31:28	전자금융이체	660,500	반식			5511 444	337,426,579	외○은행-20
외환	631115460	A법인	2008-06-30	월	10:31:53	전자금융이체	103,100	김조			52479 545	337,323,479	은행-01

위 그림을 보면 <그림7-9>에서 체크된 일자와 동일한 일자에 동일한 액수가 직원 이**가 아닌 퇴직한 직원 백은○의 신○은행 계좌로 입금이 된 사실을 확인할 수 있다.

다. 법인자금의 유용

퇴사한 직원 백은○를 소환하여 조사한 결과 백은애 본인은 신○은행 통장을 개설한 사실이 없다고 하며, 과거 A법인에 근무할 당시 급여통장을 만든다는 명목으로 통장개설에 필요한 서류를 모두 A법인 대표이사 갑에게 준 사실은 있다는 진술을 확보할 수 있었다.

라. 횡령 자금의 뇌물 공여

백은○ 명의 신○은행 계좌에 대한 계좌추적용 압수수색영장을 발부받아 백은○ 명의 계좌로 입금이 된 A법인의 자금을 추적해보니, 백은○ 명의 신○은행 계좌에서 '트○몰딩(주)' 명의 신○은행 계좌로 이체된 것을 확인할 수 있었다.

<그림 7-10> 백은○가 트○몰딩(주)에게 A법인자금을 입금

A	B	C	D	E	F	G	H	I	J	K	L	M	N	O
은행	계좌번호	구계좌	계좌주	거래일	요일	거래시간	거래구분	출금액	출금정보	입금액	입금정보	연동정보 (원회계좌액-우리)	잔액	거래은행 (원회잔액-우리,동화-외정)
신한	1156 97399	355가 242341	백은	2008-03-05	수	16:27:19	타행IB	0		3,300,000	A법인		3,007,778	
신한	1156 97399	355가 242341	백은	2008-03-06	목	13:52:11	CD이체	5,000,000	트_몰딩유	0		3657 42966	7,906	신_은행(25)
신한	1156 97399	355가 242341	백은	2008-04-02	수	14:44:04	타행IB	0		3,300,000	A법인		3,007,800	
신한	1156 97399	355가 242341	백은	2008-04-03	목	11:52:28	CD이체	3,000,000	트_기급유	0		3657 48966	7,906	신_은행(25)
신한	1156 97399	355가 242341	백은	2008-04-30	수	17:50:42	타행IB	0		3,300,000	A법인		3,007,800	
신한	1156 97399	355가 242341	백은외	2008-05-02	금	14:52:11	CD이체	3,000,000	트_기급유	0		3657 42966	7,906	신_은행(25)

'트○몰딩(주)'의 연동정보를 통하여 CIF자료를 확인한 바, 계좌주는 '트○몰딩(주)'이 아닌 이**라는 제3의 인물로 밝혀졌다. 결국 백은○가 이**에게 계좌이체를 하면서 입금자명을 '트○몰딩(주)'이라고 임의적으로 기재를 하여 출금정보란에 실제 계좌주인 이**의 이름이 표시가 되지 않은 것이다.

그리고 이**의 계좌를 압수한 결과, 백은○의 계좌에서 이체된 자금은 이**에게 입금된 즉시 김홍○ 명의 국민은행 계좌로 입금이 된 것을 확인할 수 있었다. 결국 A법인의 자금 중 일부가 퇴직 직원 백은○ → 이** → 김홍○ 순으로 흘러들어간 것을 파악하고 계좌추적영장 집행을 통하여 김홍○의 CIF자료를 수신한 바, 김홍○은 A법인의 업무와 관련된 인허가 업무를 담당하는 공무원인 것으로 확인이 되었다.

<그림 7-11> 이**에게 흘러들어간 A법인자금 흐름

A	B	C	D	E	F	G	H	I	J	K	L	M	N	O
은행	계좌번호	구계좌	계좌주	거래일	요일	거래시간	거래구분	출금액	출금정보	입금액	입금정보	연동정보 (원회계좌액-우리)	잔액	거래은행 (원회잔액-우리,동화-외정)
신한	115	986 96974	866	이은**	2008-03-06	목	13:58:21	이체	3,000,000	김홍			7952 6854	4,045,691	국_은행
신한	115	986 96974	866	이은**	2008-04-13	목	11:58:27	이체	3,000,000	김홍			7955 6854	-1,392,595	국_은행
신한	115	986 96974	866	이은**	2008-05-02	금	14:35:39	이체	3,000,000	김홍			7955 3854	4,148,735	국_은행

이**에게 흘러들어간 A법인 자금이 공무원 김홍○에게 입금되었다.

3. 본 사례 관련 착안점

가. 자금흐름의 계좌거래내역

법인은 회계장부를 통하여 자금흐름을 정리하고 그 자금흐름은 결국 계좌거래내역을 통하여 나타나게 된다. 따라서 법인 자금 관련 수사를 하고자 할 때에는 회계장부만 검토하거나 계좌거래내역만 검토하는 등 어느 한 쪽만 보고 수사를 할 것이 아니라 양 측 모두 검토해야 하고, 특히 회계장부와 계좌거래내역의 일치 여부에 대하여는 필히 확인해야 한다.

나. 범죄혐의 의심 금액이 입금 후 바로 출금이 되는 경우

계좌주를 은행 CIF자료를 통하여 특정하고 그 주소나 주민등록번호만 검토하더라도 거래자 상호간의 연관성을 일정 부분 파악할 수 있다.

다. 기업의 임원에 비하여 직원에 대한 가지급금 액수 비중이 과다한 경우

관련 가지급금이 실질적으로 직원에게 지급이 된 것인지 아니면 회계처리만 직원 명의로 하고 실질적으로는 법인자금이 불법적으로 외부로 유출된 것이 아닌지 확인해 볼 필요가 있다.

※ 참고: 계좌추적과 회계장부 분석 연계의 필요성

라. 기업체 수사 방법에 대한 현황

현재 경찰의 기업체에 대한 자금운용 관련 수사는 크게 두 가지 방법으로 진행이 되고 있다. 하나는 기업의 자금 담당직원 기타 기업의 임직원에 대한 진술에 의존하는 것이고, 다른 하나는 기업의 전표를 하나하나 검토하여 자금 흐름의 혐의점에 대하여 파악을 하는 것이다. 하지만 이 두 가지 방법 모두 실체적 진실을 밝히는 데에는 부족함이 있는 것이 사실이다.

1) 기업의 임직원의 진술에 의존하는 자금수사의 한계

수사를 진행하는 수사관들에게 있어서 최상의 시나리오는 피의자가 범죄사실에 대하여 모두 자백을 하고 그 증거를 임의로 제출하는 경우이다. 그러나 수사, 그중에서도 자금추적이 필수적으로 수반이 되는 기업체에 대한 수사의 경우 피의자로부터 범죄 전반에 대하여 자백을 받아내는 것이 쉬운 일은 아니다. 또한 피의자와 관련 참고인들이 범죄사실에 함께 연루되어 있는 경우가 대다수이며, 이런 경우 연루되어 있는 참고인(예: 기업의 자금담당 직원 등)들은 자신들 역시 처벌될 수 있을 것이라는 생각에 자신이 알고 있는 자금흐름 기타 범죄사실에 대하여 쉽게 진술을 하려 하지는 않는 것이 현실이다.

2) 기업 전표와 계좌의 전수조사 한계

　기업에서 보관하고 있는 전표에는 기업 각각의 거래와 그 증빙이 첨부가 되어 있다. 이러한 사실 때문에 전표를 검토하면 기업의 자금운용에 대한 문제점을 파악할 수 있을 것이라 판단하여 기업 전표 전부를 검토하는 경우가 흔하다. 하지만 각각의 전표만으로는 기업의 자금 운용에 대한 문제점을 파악하는 데에 한계가 있으며, 현실적으로 방대한 분량의 기업 전표를 전수조사 한다는 것은 시간과 인력이 충분하지 않은 경찰 수사의 여건상 힘들기 마련이다.

나. 회계장부 분석 필요성

　회계장부(재무제표)에는 기업의 일정 시점의 재무상태가 기재되어 있기 때문에 회사가 어떠한 종류의 자산으로 구성이 되어 있는지 한눈에 파악할 수 있다. 또한 일정 기간 동안의 경영성과도 기재가 되어 있기 때문에 기업이 실제로 영업활동을 하고 있는지 여부와 경영 성과가 어떠한지 등을 구체적으로 파악할 수 있다.

1) 회계장부 분석을 통하여 기업 자금 흐름에 대한 구체적 진술 확보에 용이

　회계장부 분석을 통하여 회사에서 나간 자금은 어느 정도가 되며 그 자금은 언제 누구에게 나갔고, 들어온 자금은 어느 정도가 되며 그 자금은 언제 누구에게 들어갔는지 등을 개괄적으로 파악할 수 있기 때문에 추후 기업의 자금 흐름에 대하여 피조사자로부터 진술을 받을 때에 보다 구체적인 사실 확인과 혐의 추궁이 가능하다.

2) 효율적인 전표 분석과 자금 추적

　회계장부 분석을 통하여 의심되는 거래내역을 추출할 수 있다면 무수히 많은 회사의 거래 내역 중 일부에 대하여 심도 있게 조사를 할 수 있고, 또한 관련 전표를 선별하여 분석할 수 있기 때문에 불필요한 전표들을 검토하는 데에 소비되는 시간을 줄일 수 있다. 계좌 추적을 할 때 역시 모든 계좌의 모든 거래내역을 검토하지 않고 의심 계좌의 특정 의심 거래만 추출하여 추적할 수 있으므로 수사 업무의 효율성을 높일 수 있다.

<그림 7-12> 회계장부 분석을 통한 효율적 자금추적

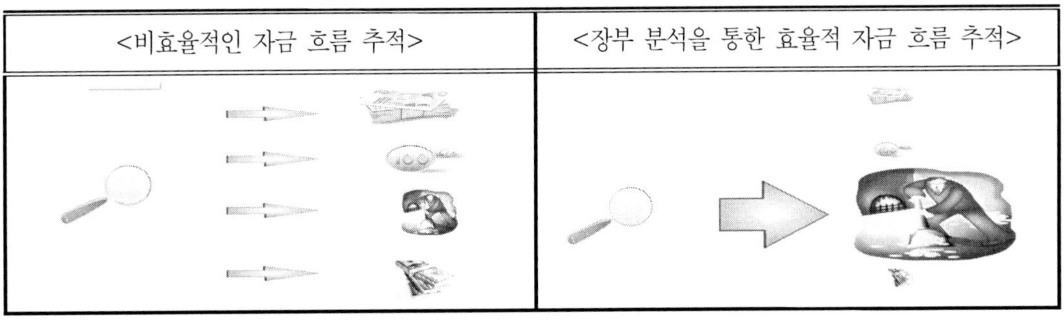

□ 통합계좌 만들기

　분석대상 계좌가 다수인 경우, 이를 하나의 서식으로 통일시켜 한번에 분석하면 의외로 훌륭한 결과를 도출할 수 있다. 아래는 금융기관별로 상이한 형식으로 제공하는 금융거래내역을 하나의 통일된 서식으로 만드는 과정이다. 통합계좌를 만들기 위하여는 엑셀의 기초적인 지식이 필요하고, 그에 필요한 함수는 본 매뉴얼 부록에 게재한다.

　※ 은행 거래내역 서식이 변경 된 경우 수시로 업데이트하여 게재할 예정임

<그림 7-13> 압수수색영장을 집행하여 회신 받은 파일

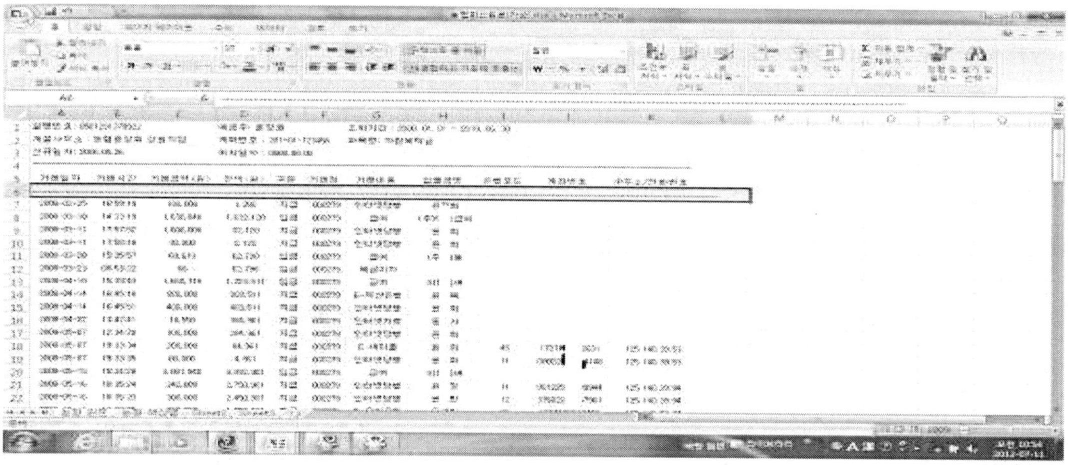

　압수수색영장을 집행하여 회신 받은 파일 중 농협 파일을 열면 옆의 화면과 같은 자료가 나타난다. 좌측 화면에 노란색으로 표시한 점선이 있는 "행"을 삭제한다.

<그림 7-14> 거래일자부터 IP주소 / 전화번호

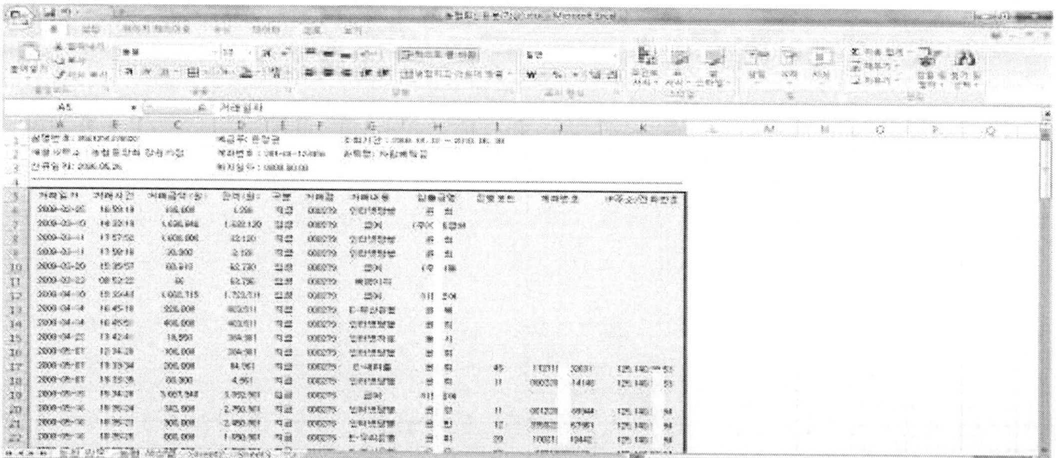

제7장 - 계좌영장 분석요령 - 129 -

거래일자부터 IP주소/전화번호 까지 모든 셀을 선택한다. 간단한 방법은 거래일자의 셀을 마우스로 선택한 후 CTRL+SHIFT+↓ 로 모든 셀을 선택할 수 있다.

<그림 7-15> 복사[CTRL+C] 하여 회신자료에 붙여넣기[CTRL+V]

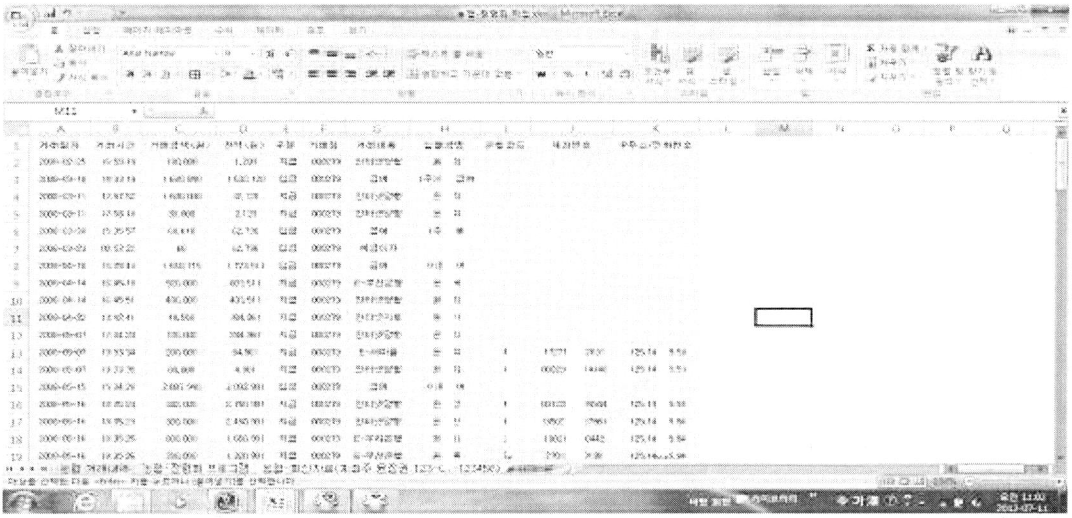

모두 선택 후 복사[CTRL+C] 하여 회신자료에 붙여넣기[CTRL+V] 한다. 모든 은행 회신자료도 마찬가지 방법으로 모든 셀을 선택하여 붙여넣기만 하면 정형화 자료가 생성된다.

<그림 7-16> 거래일자부터 IP주소/전화번호 등(마지막 셀)

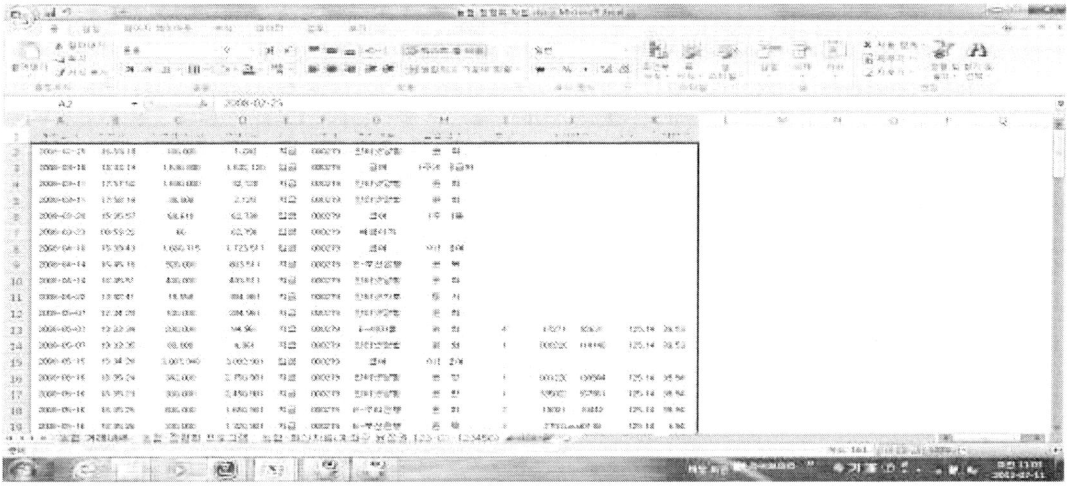

처음과 같이 거래일자부터 IP주소/전화번호 등(마지막 셀)까지 '2'번 행부터 모든 셀을 선택[첫 셀을 선택하고 CTRL+SHIFT+화살표→, ↓]

※ 위 과정을 생략하고 은행회신 원본자료에서 모든 자료를 바로 복사를 하여 아래 파일에 붙여넣기를 하여도 무방하다.

<그림 7-17> 각 금융기관별 파일 시트(SHEET) 중에 "은행-기본형" 시트

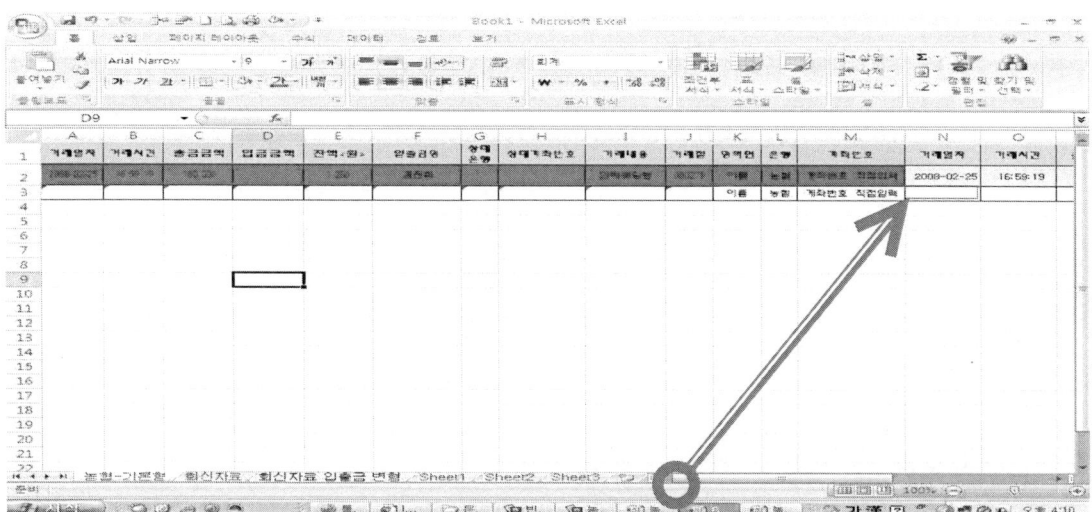

각 금융기관별 파일 시트(SHEET) 중에 "은행-기본형" 시트를 선택하면 위와 같은 화면이 나온다. 좌측 거래일자가 아닌 화면 우측 노란색 아래 빈 칸을 클릭하고 위와 같이 복사한 자료를 붙여넣기[CTRL+V] 한다.

<그림 7-18> 이름, 은행, 계좌번호를 빨간색 칸에 직접 입력

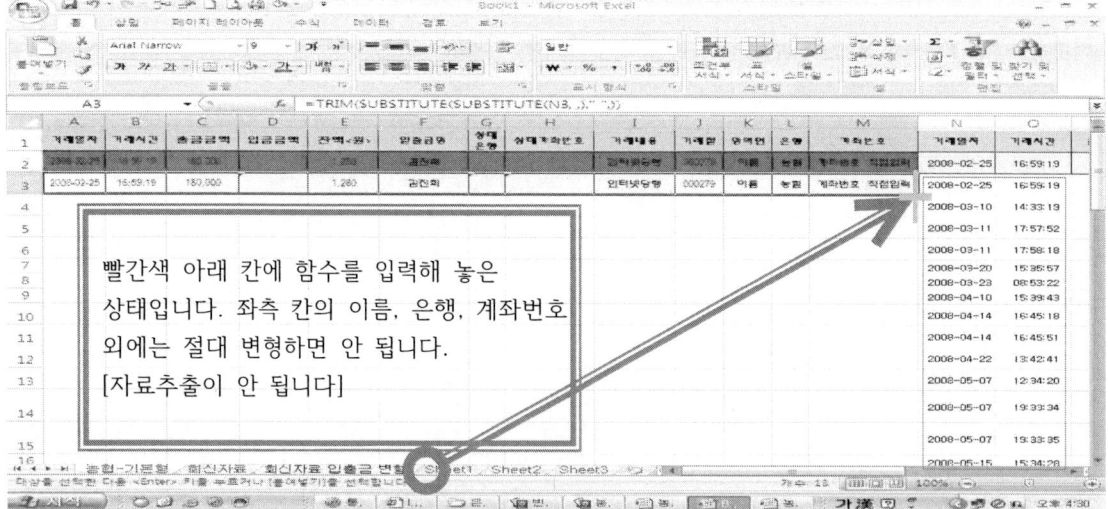

화면에 다 보이지 않지만 우측에 자료가 모두 붙여넣기가 된 상태이다. 반드시 먼저 이름, 은행, 계좌번호를 빨간색 칸에 직접 입력한다. 맨 좌측 "3" 행 "거래일자" 셀부터 맨 우측 "계좌번호" 셀까지 선택 후 마우스를 셀 우측 하단에 가져가 "+" 표시가 나타나면 "더블클릭" 한다.

제7장 - 계좌영장 분석요령

<그림 7-19> 농협 폴더 "농협 계좌통합" 파일 시트에 "선택하여 붙여넣기"

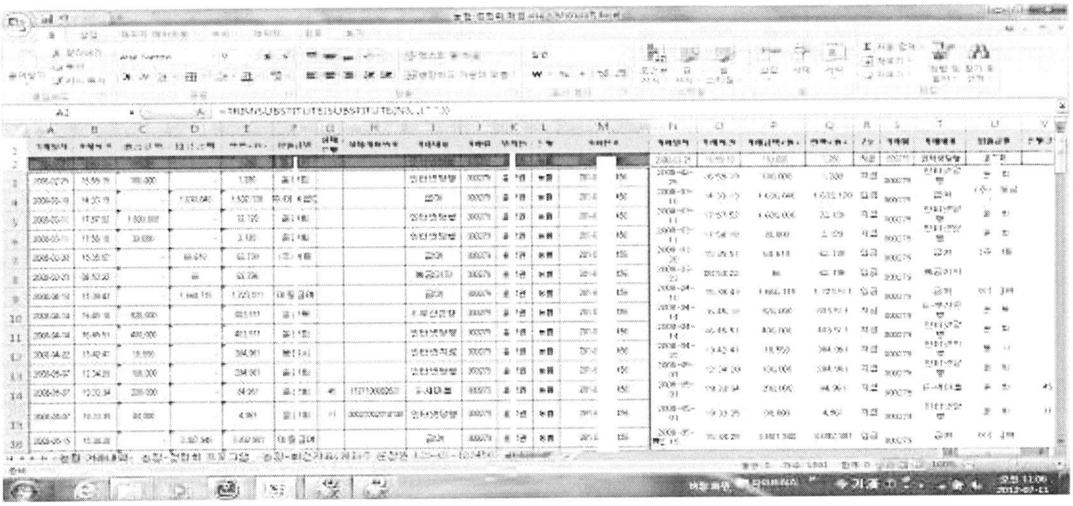

화면과 같이 정형화 된 자료가 모두 생성된다. "더블클릭"을 기억 "더블클릭"으로 생성된 자료는 모두 자동 선택 된 상태가 되어 있어 별도로 선택할 필요 없이 복사[CTRL+C] 하면 복사가 된다. 농협 폴더 "농협 계좌통합" 파일 시트에 "선택하여 붙여넣기"를 한다.

<그림 7-20> 선택하여 붙여넣기

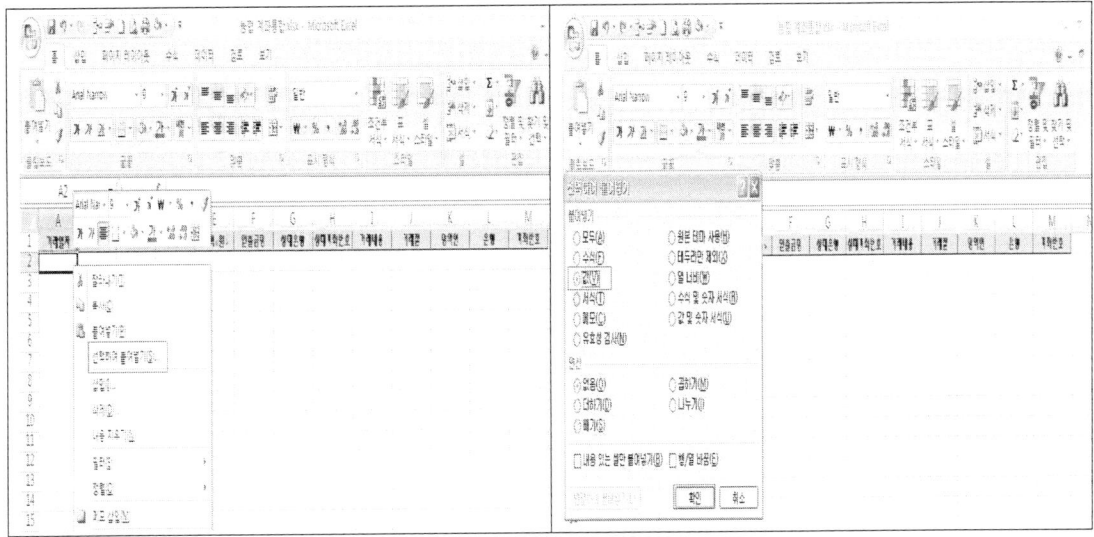

"선택하여 붙여넣기"란 화면 "2"행 첫 번째 칸을 마우스로 클릭한 후 우측 버튼을 누르고 좌측 그림이 나타나고 "선택하여 붙여넣기"를 클릭 우측 그림이 나타나면 "값"을 선택, "확인"을 클릭하면 모든 파일이 생성된다.

<그림 7-21> 화살표가 가리키는 곳을 더블클릭

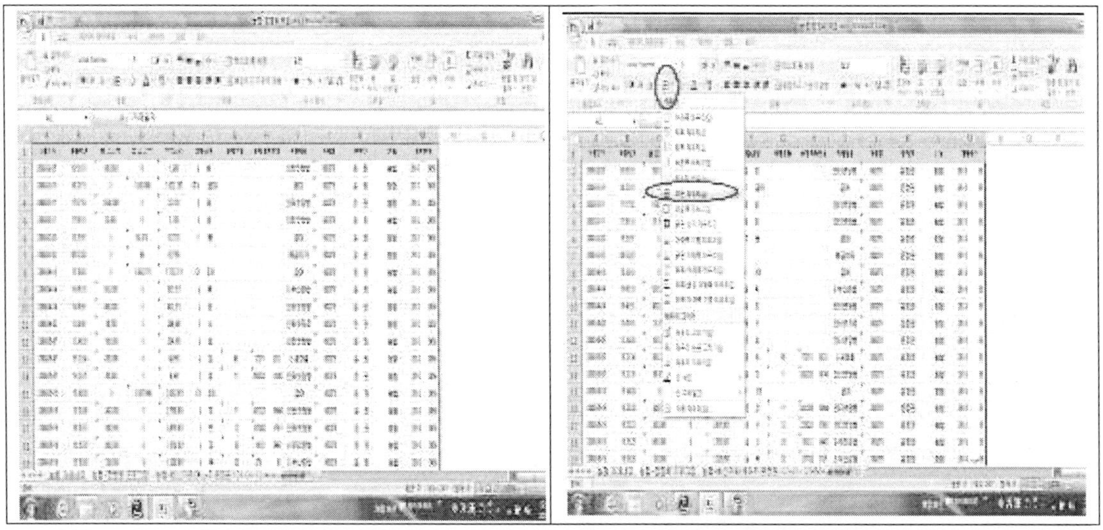

"선택하여 붙여넣기" 하면 좌측 그림과 같이 생성이 되면 모든 셀이 선택 된 상태로 우측 그림과 같이 모든 테두리를 클릭하면 완성된다. 모든 테두리가 완성되었다. 셀 여백은 아래 화면과 같이 화살표가 가리키는 곳을 더블클릭 한다.

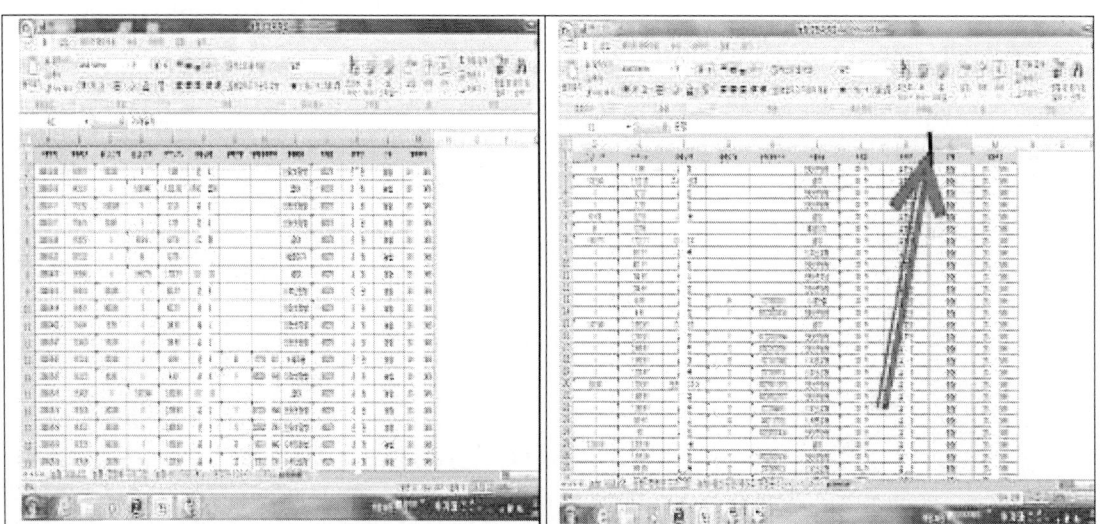

<그림 7-22> 화살표와 같이 맨 위의 영어(k/l)와 더블클릭

모든 테두리가 생성 된 이후에 마우스로 셀을 선택할 때 영어로 기재된 부분을 끌어당겨 모두 선택한 후 화살표와 같이 맨 위의 영어(k/l) 사이의 선을 마우스로 더블클릭하면 모든 셀의 여백이 조정된다(단, 영어 사이의 선은 아무 곳이나 더블클릭해도 된다).

○ 모든 금융기관의 계좌거래내역 통합

금융기관 계좌거래내역을 통합하는 것은 첨부파일을 참고하면 된다.

○ 글자크기, 글자체 정리

글자 "9", 글자체 먼저 "휴먼모음T" 이어서 "Arial Narrow"를 선택해 주면조금더 효율적으로 활용할 수 있다.

○ 날짜, 시간 정리

날짜 또는 시간의 모든 셀을 선택 후 마우스 우측 버튼을 클릭한 후 셀 서식 → 사용자지정 → 날짜는 "yyyy-mm-dd" 또는 "yy-mm-dd", 시간은 "hh:mm:ss", 금액(출금, 입금, 잔액)은 모두 "회계" 소수점 "0", 기호 "없음"으로 선택하면 된다.

○ 모든 은행계좌 통합 및 분석

정형화 자료를 통합자료에 붙여 넣고, 그 아래로 은행자료를 계속 붙여넣기 하여 모든 은행의 계좌를 다 통합하시면 그 때부터 분석에 들어가게 됩니다.

□ 명의인의 동의에 의한 자금추적

1. 개요

지금까지는 계좌영장에 의해 자금을 추적하는 사례를 살펴보았으나, 당사자가 동의하는 경우에는 영장 없이도 일정범위 내에서는 자금을 추적할 수도 있다.

동의서에 대하여는 통일된 서식은 없으나, 반드시 거래정보를 제공받을 자, 거래정보를 제공할 금융기관, 제공할 거래정보 등의 범위, 동의서 작성연월일, 동의서 유효기간이 기재되어 있어야 하고, 가급적 무인을 받은 뒤에 신분증 사본을 함께 첨부하는 것이 좋다. 다음 서식은 일선에서 가장 많이 활용되는 동의서의 서식이다. 제공받을 자료가 많은 경우, 동의서 외에 금융거래정보 제공요구서를 함께 송부하는 것이 좋다.

금융실명거래 및 비밀보장에 관한 법률 제4조(금융거래의 비밀보장)

① 금융회사등에 종사하는 자는 명의인(신탁의 경우에는 위탁자 또는 수익자를 말한다)의 서면상의 요구나 동의를 받지 아니하고는 그 금융거래의 내용에 대한 정보 또는 자료(이하 "거래정보등"이라 한다)를 타인에게 제공하거나 누설하여서는 아니되며, 누구든지 금융회사등에 종사하는 자에게 거래정보등의 제공을 요구하여서는 아니된다. 다만, 다음 각 호의 어느 하나에 해당하는 경우로서 그 사용 목적에 필요한 최소한의 범위에서 거래정보등을 제공하거나 그 제공을 요구하는 경우에는 그러하지 아니하다.

시행령 제7조(명의인의 요구에 의한 거래정보등의 제공)

① 제5조의 규정에 의한 금융기관에 종사하는 자(이하 "금융기관종사자"라 한다)는 명의인으로부터 거래정보등의 제공을 요구받은 경우에는 그 요구자가 명의인인지의 여부를 확인하여야 한다.
② 금융기관종사자는 명의인의 상속인 또는 유증에 의한 수증자 등 명의인의 금융자산에 대하여 법률상 명의인의 권한을 행사할 수 있는 지위에 있는 자가 거래정보등의 제공을 요구하는 때에는 그 권한의 유무를 확인하여야 한다.
③ 금융기관은 명의인의 확인 또는 거래정보등의 제공 과정에서 거래정보등이 다른 사람에게 유출되지 아니하도록 하여야 하며, 이를 위하여 명의인의 확인과 거래정보등의 제공에 관한 방법 및 절차를 정하여야 한다.

시행령 제8조 (명의인의 동의에 의한 거래정보등의 제공)

① 금융기관은 명의인의 동의에 의하여 명의인외의 자에게 거래정보등을 제공하고자 하는 경우에는 다음 각호의 사항이 기재된 동의서를 제출받아야 한다. 이 경우 명의인이 2인 이상인 경우에는 명의인 전원의 동의서를 제출받아야 한다.
  1. 거래정보등을 제공받을 자
  2. 거래정보등을 제공할 금융기관
  3. 제공할 거래정보등의 범위
  4. 동의서의 작성연월일
  5. 동의서의 유효기간
  6. 명의인이 당해 금융기관에 등록한 인감(서명감을 포함한다) 또는 읍·면·동사무소(법인의 경우에는 등기소를 말한다)에 등록한 인감의 날인. 이 경우 명의인이 동의서를 직접 제출하거나 공무원이 공무수행을 위하여 명의인으로부터 동의서를 받아 제출하는 경우에는 명의인의 자필서명 또는 무인으로 대신할 수 있다.
② 금융기관은 제1항의 동의서의 기재내용이 불분명하거나 의심스러운 경우에는 명의인에게 그 내용을 확인할 수 있다.

제7장 - 계좌영장 분석요령

금융거래정보등 제공동의서

본인이 귀 은행 및 지점, 부서에 거래하고 있는 예금계좌에 대한 금융거래정보 등을 아래와 같이 제공함에 동의합니다.

1. 거래정보 등을 제공받을 자

소속		사무실	
계급		팩스	
성명		이메일	

2. 거래정보 등을 제공할 금융기관 :
3. 제공할 거래정보 등의 범위
    - 계좌번호 :
    - 예금주 :
    - 주민등록번호 :
    - 거래기간 :   .   .   . 부터   .   .   . 까지
    - 제공할 정보 : CIF(고객정보조회표), 거래내역 일체 및 입출금 전표 등 명의인의 동의
      에 의해 제공가능한 자료 일체
4. 동의서 유효기간 :

201 .   .   .
동의인 주소 :
주민등록번호 :
성명 :
(금융실명거래법률시행령 제8조제1항제6호 참조)

1. 위 성명 란에 동의 인이 무인할 경우, 동의서 징구 직원이 "본인의 우무인 임을 확인함"이라 기재하고, 직급을 기재한 다음, 서명 날인하는 것이 바람직함
2. 동의인의 주민등록증 또는 운전면허증 사본 첨부는 필요적 요건은 아니나, 금융기관 직원은 동의서의 내용이 불분명하거나, 의심스러운 경우에는 명의인에게 그 내용을 확인할 수 있으므로, 이를 참작하여 그 사본을 첨부하는 것이 바람직함
3. 금융기관에서 사용하고 있는 동의서 양식은 위 내용과는 다르다.

2. 명의인의 동의에 의한 자금추적의 범위

종종 명의인의 동의가 있는 경우에는 계좌영장에 의한 자금추적과 동일하게 연결 계좌주에 대한 인적사항(CIF)를 파악하거나, 수표이서자를 확인하는 것 까지 가능한 것으로 오해하는 경우가 있는데, 명의인의 동의에 의한 자금추적의 범위는 이와는 다르다. 원칙적으로 예금주(입금받은자)와 송금인에 있어서, 예금주의 동의가 있는 경우 송금인의 성명, 연락처만 제공받을 수 있고, 입금자원중 수표로 입금된 내역은 제공받을 수 없다. 또한, 송금인의 동의가 있는 경우라고 하더라도 입금계좌 예금주의 인적사항에 대한 정보는 제공받을 수 없다. (계좌번호는 확인가능)

☞ **여기서 잠깐!!! (금융실명거래해설집 참조)**

무통장입금(자동화기기, PC, 전화 등을 이용한 계좌이체 포함)관련 정보제공

1) 입금계좌 예금주에게 정보를 제공하는 경우

- 입금의뢰인(송금인)의 성명/연락처만 가능
- 입금자원중 수표로 입금된 내역(수표발행은행, 수표번호 등)은 정보제공 불가
- 입금계좌 예금주의 요청시 전표상에 기록된 대리인의 정보제공 가능

2) 입금의뢰인(송금인)에게 정보를 제공하는 경우

- 입금계좌 예금주의 인적사항에 대한 정보제공 불가
- 무통장입금의뢰서 사본 또는 무통장입금증 재발행 가능

인터넷뱅킹을 하면서 예금주가 자신의 이름이 아닌 다른 이름으로 송금한 경우, 송금받은 자의 요청에 따라 송금한 계좌명의인의 성명 및 연락처에 대한 정보제공이 가능한지 여부

- 인터넷뱅킹으로 인출하여 타 계좌로 송금한 경우 송금인은 계좌명의인인 예금주 본인임. 따라서 입금계좌 예금주(송금받은 자)에게 송금한 계좌 명의인의 성명, 연락처에 대한 정보제공이 가능함. 또한, 계좌명의인이 계좌개설사실을 부인하면서 지인(처, 형제)가 명의를 도용하여 계좌를 개설하였다고 주장하는 사안에 있어서, 필적감정 등을 위해 예금거래신청서까지 제공할 것을 동의받는 경우가 있으나, 금융기관에서는 '사본'은 당연히 제공할 수 있지만 원본은 동의서만으로는 제공받기가 곤란하다. 또한, 계좌영장은 자료(데이터) 압수의 개념이므로, 필적감정을 위해 원본 압수가 필요한 경우는 일반영장에 의해 압수하여야 함이 원칙이다.

명의인의 동의가 있는 경우에도 수표어음의 사용처 확인은 곤란하다. 다음 금융실명거래해설집을 참고하기 바란다.

제7장 - 계좌영장 분석요령

☞ 수표·어음관련인이 정보제공을 요청하는 경우(금융실명거래해설집 51쪽)

구 분		내 용
자기앞 수표 관련인	발행의뢰인의 요구 또는 동의가 있는 경우	해당수표의 발행사실과 수표앞면에 관한 내용만 제공 가능 (수표 앞면 사본만 제공 가능)
	최종소지인의 요구 또는 동의가 있는 경우	배서내용 등 수표 앞뒷면에 나타난 정보제공 가능 (수표 앞뒷면 사본 제공 가능)
	부도수표 소지인이 사고신고인의 인적사항에 대한 정보제공 요구(전화요청 포함)	사고신고서상에 기재된 정보는 제공 가능 (사고신고 그 자체는 금융거래가 아님) ※ 유의 : 사고신고인과 자기앞수표 발행의뢰인이 동일인인지 여부는 알려줄 수 없음
	사고신고인에게는 수표지급제시인 또는 수표입금계좌 명의인의 인적사항 등의 정보는 제공할 수 없음	
약속어음 · 당좌수표 · 가계수표 관련인	발행인의 요구 또는 동의가 있는 경우	어음·수표 앞뒷면에 나타난 정보 제공 가능 (어음·수표 사본 제공 가능)
	최종소지인의 요구 또는 동의가 있는 경우	
	중간배서인의 요구 또는 동의가 있는 경우	- 약속어음 : 앞 배서내용 및 어음 앞면에 나타난 정보 제공 가능(앞 배서내용 및 어음앞면 사본만 제공 가능) - 수표 : 정보 제공 불가
약속어음 · 당좌수표 · 가계수표 소지인 요구 시	거래처(발행인)로부터 금융거래정보 제공 동의서를 제출받은 경우	- 어음·수표 소지인의 요청(전화 등에 의한 요청 포함)에 의하여 다음 사항의 정보 제공 가능 • 당좌(가계당좌)예금 거래사실 유무 • 부도발생 여부 및 내용 • 예금주의 성명, 주소, 기타 인적사항
	거래처(발행인)로부터 금융거래정보 제공 동의서를 제출받지 못한 경우	- 어음·수표 소지인이 예금개설점에 직접 내점하거나 전화 등으로 어음·수표의 번호, 발행인을 알린 경우에 다음 사항의 정보제공 가능 • 당좌(가계당좌)예금 거래사실 유무(계좌폐쇄 등) • 부도발생 여부
	부도가 확인된 어음·수표 소지인이 어음·수표를 제시하는 경우	- 부도확인된 어음·수표발행인의 주소, 연락처, 성명, 주민등록번호 등 제공 가능 - 부도내용(부도금액, 부도시기 등)

※ 기타 참고사항

☞ 법인의 신대표자가 구대표자명의로 지급된 예금청구서의 사본 요구시 정보제공이 가능한지(금융실명거래해설집 88쪽)

- 법인의 대표이사가 변경된 경우 신대표자만이 대표이사의 직무를 수행할 권리를 가지므로 신대표자가 구대표자명의로 지급된 예금청구서의 사본 등 법인의 과거 금융거래내용을 요청하는 것은 가능함

☞ 구대표자가 대표자로 근무시 동 법인의 금융거래정보 제공 요구시 정보제공이 가능한지(금융실명거래해설집 88쪽)

- 구대표자의 경우 대표자의 변경으로 인하여 대표이사의 직무를 수행할 권리가 없으므로 법인명의의 금융거래정보를 요청할 수 없음

☞ A의 계좌에 B의 대리인이 입금을 했고 명의인인 A가 누가 입금했는지 알고자 할 때 입금의뢰인과 대리인에 대한 정보를 제공해줄 수 있는지(금융실명거래해설집 87쪽)

- B의 대리인이 실질적인 송금인이기 때문에 해당 금융기관은 B의 대리인에 관한 정보(전표상에 기재된 범위내 - 성명 및 연락처)를 예금주 A에게 정보제공 가능함

결국, 명의인의 동의에 의해 금융기관으로부터 자료를 제공받는 경우는 첫째, 거래내역(전산파일 제공가능), 명의인의 계좌에 돈을 송금한 자의 성명, 연락처, 전표앞면 기재사항 등에 한하여 제공받을 수 있는 것이 원칙이다. 또한, 명의인의 동의에 의해 자료를 제공받는 경우에도 금융기관은 명의인에게 경찰에의 자료제공사실을 통보하도록 되어 있고, 그 통보비용 역시 경찰이 부담한다.

3. 집행요령

동의서, 신분증을 함께 금융기관 압수영장 담당부서에 송부하도록 한다. 동의서에 의해 금융거래내역을 금융기관에 요청할 경우, 엑셀 등 전산파일로 제공받으려고 하는 경우, 금융기관 압수영장 담당부서에 집행하면서 전산파일로 제공하도록 요청한다. 만약, 금융기관에서 거부시에는 아래 금융실명거래해설집을 설명해주도록 한다.

☞ 금융거래정보 요구기관에서 요청시, 전산파일로 저장하여 제공하는 것이 가능한지 여부(금융실명거래해설집 88페이지)

- 「금융실명거래 및 비밀보장에 관한 법률」 제4조에 해당하는 경우에 금융거래정보의 제공방법은 정보요구기관과 금융기관의 합의에 의하여 처리가 가능함. 다만, 이 경우에도 제4조의 2 및 제4조의 3의 규정에 의한 명의인앞 통보, 제공내용의 기록·관리를 하여야 함.

□ 금융정보분석원(FIU)에 대한 자료 요청

실제 수사에 있어서 곧바로 계좌영장을 신청하기에는 다소 증거자료가 부족한 경우 FIU 보유자료를 사전에 입수한 뒤에 혐의내용을 구체화하여 계좌영장을 신청할 수도 있다. 특히 강력사건의 용의자의 경우 FIU의 존재를 알지 못해 거액의 현금거래를 무심코 하기도 하므로 적극 활용을 권장한다.

1. 금융정보분석원(FIU)의 개요

가. 근거 및 구성

2001. 11월. 「특정금융거래 정보의 보고 및 이용 등에 관한 법률」에 근거하여 금융위원회 소속으로 설치된 조직으로, 경찰·검찰·국세청·관세청·금융감독원에서 파견된 인력과 자체 인력으로 구성되어 있다.

나. 주요 역할

1) 금융기관 등으로부터 혐의거래 및 고액현금거래 등 자금세탁 정보를 수집하여 이를 분석한 후 법집행기관에 제공한다.

2) 금융기관이 자금세탁에 이용되지 않도록 감독·검사 및 교육훈련을 실시한다.

3) 자금세탁 방지대책 수립 및 외국 금융정보분석기구와 협조·정보교환을 담당한다.

2. 금융정보분석원 보유 정보

가. 금융정보

1) 혐의거래보고(STR : Suspicious Transaction Report) 관련 자료

특정범죄의 자금세탁과 관련된 혐의거래 또는 탈세 목적의 혐의거래로서 원화 1천만원, 외화 5천불 이상인 경우 금융기관 등이 금융정보분석원장에게 의무적으로 보고해야 한다.

```
※ 혐의거래보고 대상 기준 금액의 변화
  - 2001년 ~ : 원화 5,000만원 이상, 외화 10,000달러 이상
  - 2004년 ~ : 원화 2,000만원 이상, 외화 10,000달러 이상
  - 2010년 ~ 현재 : 원화 1,000만원 이상, 외화 5,000달러 이상
```

2) 고액현금거래보고(CTR : Cash Transaction Report) 관련 자료

금융기관 등은 동일인이 하루에 2천만원 이상의 고액현금거래(자기앞수표 포함)가 있거나, 고액현금거래 기준금액을 회피할 목적으로 금액을 분할하여 금융거래를 하고 있다는 합당한 근거가 있는 경우 금융정보분석원장에게 의무적으로 보고해야 한다.

3) 외국환 거래자료

한국은행총재 및 세관장이 외국환 거래법 제17조의 규정에 의한 허가 또는 신고에 관련된 자료, 이를 정리하여 분석한 보고서 등을 의미한다.

나. 신용정보

신용카드·대출·채무보증·채무불이행 관련 정보로, 신용정보만 별도로 제공할 수 없으나, 혐의거래보고, 고액현금거래보고, 외국환거래보고 대상자에 대한 금융정보 제공시 신용정보도 함께 제공가능하다.

다. 기업정보

사업자등록번호, 법인등록번호, 대표자, 업종, 설립일자, 카드개설, 불량유무, 업체여신, 법인당좌정보 등이 있다.

라. 행정자료

국세자료, 출입국자료, 부동산자료, 주민등록 전산정보, 호적등본, 고용보험자료, 건강보험자료 등이 있다.

<금융정보분석원 보유 행정자료>

자료 활용	자 료 명
인적사항	주민등록등본(전산), 가족관계부(제적등본), 법인등기부
직 업	국세청 사업자등록, 노동부 고용보험가입 현황(과거포함) 건강보험공단 가입 내역(현재현황)
전과기록	경찰청 범죄 및 수사경력
재 산	국토해양부 지적자료
해외출입국	출입국관리소 출입국기록(전산)
수출입실적	관세청 수출입 통관자료(개인/법인, 외국인제외)

☞ **여기서 잠깐!!!**

금융정보분석원에서 위와 같이 다양한 자료를 보유하고 있는데, 금융정보분석원이 경찰에 수사의뢰를 요구하는 경우 위와 같은 보유자료를 함께 제공하지만, 경찰이 금융정보분석원에 자료를 요청하는 경우에는 STR, CTR, 외국환거래자료만 송부해줌을 유의

3. 정보제공 근거

가. 특정금융거래정보의 보고 및 이용 등에 관한 법률

제7조 제2항

금융정보분석원장은 불법재산·자금세탁행위 또는 공중협박자금조달행위와 관련된 형사사건의 수사에 필요하다고 인정하는 경우에는 대통령령으로 정하는 특정금융거래정보를 경찰청장에게 제공한다.

금융정보분석원이 경찰청장에게 정보를 제공하는 근거가 되는 법조문이다.

제7장 - 계좌영장 분석요령

> **제7조 제4항**
>
> 검찰총장, 경찰청장, 국세청장, 관세청장, 중앙선거관리위원회, 금융위원회(이하 "검찰총장 등"이라 한다)는 특정형사사건의 수사 등을 위하여 필요하다고 인정하는 경우에는 대통령령으로 정하는 바에 따라 금융정보분석원장에게 제1항제3호에 규정된 정보의 제공을 요구할 수 있다.

경찰이 금융정보분석원에 정보의 제공을 요청할 수 있는 근거가 되는 법조문이다.

> ※ **주의사항**
> ▶ 특정금융거래정보의 보고 및 이용 등에 관한 법률 제7조 제1항상의 정보를 제공받는 주체에 경찰청장이 제외되어 있다. 따라서 경찰청장이 금융정보분석원으로부터 제공받을 수 있는 정보는 제7조 제2항과 제7조 제4항의 정보에 한정이 된다.
> ▶ 특정금융거래정보의 보고 및 이용 등에 관한 법률 제7조 제2항의 정보를 제공받는 주체는 경찰청장이고, 동 법률 제7조 제4항의 정보 제공 요청을 할 수 있는 주체 역시 경찰청장이기 때문에 금융정보분석원으로부터 정보를 요청할 때에는 반드시 경찰청장 명의로 공문을 작성해야 한다.

4. 정보제공 대상 범죄 개괄

> 금융정보분석원에서 경찰청장에게 제공하는 범죄의 종류와 경찰청장이 정보를 능동적으로 요청할 수 있는 범죄의 종류는 일치하지 않는다는 것에 유의
> - 금융정보분석원에서 경찰청장에게 제공하는 범죄의 종류 : 관련근거가 위 법 제7조 제2항
> - 경찰청장이 정보를 능동적으로 요청할 수 있는 범죄의 종류 : 관련근거가 위 법 제7조 제4항

가. 금융정보분석원에서 경찰청장에게 제공하는 범죄 종류

(특정금융거래정보의 보고 및 이용 등에 관한 법률 제7조 제2항 상의 범죄)

1) 불법재산과 관련된 범죄

　가) 범죄수익은닉의 규제 및 처벌 등에 관한 법률 제2조제4호의 규정에 의한 범죄수익
　나) 마약류 불법거래 방지에 관한 특별법 제2조제5항의 규정에 의한 불법수익

2) 자금세탁행위와 관련된 범죄

　가) 범죄수익은닉의 규제 및 처벌 등에 관한 법률 제3조의 규정에 의한 범죄행위
　나) 마약류 불법거래 방지에 관한 특별법 제7조의 규정에 의한 범죄행위
　다) 조세범처벌법 제9조, 관세법 제270조, 특정범죄가중처벌 등에 관한 법률 제8조의 죄를 범할 목적으로 재산의 취득·처분 또는 발생원인에 관한 사실을 가장하거나 그 재산을 은닉하는 행위

3) 공중협박자금과 관련된 범죄

공중 등 협박목적을 위한 자금조달행위의 금지에 관한 법률 제2조제1호상의 범죄행위

나. 경찰이 금융정보분석원에 정보를 요청할 수 있는 범죄의 종류

(특정금융거래정보의 보고 및 이용 등에 관한 법률 제7조 제4항 상의 범죄)

특정 형사사건과 관련된 범죄로서, 특정 형사사건이라 함은 자금세탁 전제범죄로 판단이 되는 총 38종의 범죄를 말한다.(세부 범죄목록은 첨부 1. 참조).

5. 정보제공 절차(특정금융거래정보의 보고 및 이용 등에 관한 법률 제7조 제4항)

일선 경찰서에서 관련 요청서를 작성 → 지방청 수사과 → 본청 지능범죄수사과 → 금융정보분석원 심사분석실 → 심사분석 각 과

금융정보분석원 경찰파견팀(전화: 02-3145-8996~7)로 정보존재여부를 유선상으로 확인한 후, 서면(정보제공요구서)으로 본청 지능범죄수사과에 의뢰하면 불필요한 시간소모를 줄일 수 있다.

※ 주의사항

경찰이 금융정보분석원에 관련 정보를 요청하고자 할 때 그 근거가 되는 법조항은 특정금융거래정보의 보고 및 이용 등에 관한 법률 제7조 제4항 이므로
- 모든 범죄가 아닌 아래 첨부1의 특정 형사사건에 관련된 범죄에 대하여만 정보를 요청할 수 있으며,
- 경찰이 정보를 요청할 경우의 대상 범죄는 특정금융거래정보의 보고 및 이용 등에 관한 법률 제7조 제2항 상에 언급이 된 범죄가 아닌 제7조 제4항 상의 범죄라는 것이다.

6. 특정 금융거래 정보요청 대상자 범위

가. 혐의자 본인, 배우자, 자녀, 부모 기타 직계 존비속의 경우

필요성에 대하여 별도의 이유 기재 없이 특정금융거래정보를 요청하면 심사를 통하여 자료를 제공한다.

나. 혐의자의 형제자매 기타 친인척 및 타인

필요성에 대한 합리적인 이유 기재가 있는 경우에 한하여 특정금융거래정보를 제공한다.

7. 특정금융거래정보요구서 활용 유형

가. 혐의자의 대략적 자금흐름은 확인하였으나 확정적인 단서가 없을 때

나. 내사단계에서 내사자가 자금거래를 한 것으로 의심은 되나 관련 계좌에 대한 정보가 전무할 때

제7장 - 계좌영장 분석요령

다. 혐의자가 외국 금융기관 계좌를 이용해 자금을 입·출금하여 외국 금융정보 분석기관이 보유한 자료가 필요할 때(단, 대상국이 에그몽그룹 가입국가)

라. 혐의자가 외환거래를 한 것으로 추정되나 확정적 단서가 없을 때

8. 특정금융거래정보 제공요구서 작성과 관련된 유의사항(첨부 2. 참조)

가. 정보제공 요구기관명을 반드시 경찰청장으로 기재할 것

특정금융거래정보의 보고 및 이용 등에 관한 법률 제7조 제4항 상에 정보를 요구할 수 있는 주체는 경찰청장 이므로 반드시 정보제공 요구기관을 경찰청장으로 기재하여야 한다.

나. 대상자 인적사항 기재 관련

혐의자등에 대한 특정금융거래정보를 신속하게 회신받기위해서는 혐의자 등 대상자의 인적사항을 엑셀로 작성하여 별도 첨부하는 것이 좋다.

다. 사건번호 기재

사용 목적란에 범죄사실과 함께 사건번호(내사사건의 경우 KICS의 접수번호)를 기재해주어야 한다.

라. 추상적인 혐의사실 기재 지양(수사 보안과의 균형)

사용목적상의 범죄사실을 수사 보안의 이유로 너무 추상적으로 기재를 하면 정보 제공을 받지 못하는 경우가 발생할 수 있으므로, 수사 보안과의 균형을 유지하면서 혐의사실을 기재해야 할 것이다. 이와 관련하여 죄명 역시 필히 기재해야 할 것이다.

마. 기타 유의사항

특정금융거래정보의 보고 및 이용 등에 관한 법률 제9조 제2항에 의하여 특정금융거래정보는 재판에서 증거로 사용할 수 없으며, 정보요구 대상자 범위의 지나친 확대는 개인의 금융거래정보 보호 및 적법 절차와 관련하여 문제의 소지가 있다는 것에 유의해야 할 것이다.

첨부1. 특정금융거래정보의 보고 및 이용 등에 관한 법률 제7조 제4항 상의 특정 형사사건 목록

범죄은닉수익규제법상 중대범죄(제2조제1호)
1. 형법중 다음 각목의 죄 　가. 제2편제5장 공안을 해하는 죄 중 제114조제1항(범죄단체의 조직) 　나. 제2편제7장 공무원의 직무에 관한 죄 중 제129조(수뢰,사전수뢰), 제130조(제삼자뇌물제공), 제131조(수뢰후 부정처사, 사후수뢰), 제132조(알선수뢰), 제133조(뇌물공여등) 　다. 제2편제18장 통화에 관한 죄 중 제207조(통화의 위조등), 제208조(위조통화의 취득), 제212조(제207조 및 제208조의 미수범에 한함) 및 제213조(예비, 음모) 　라. 제2편제19장 유가증권, 우표와 인지에 관한 죄 중 제214조(유가증권의 위조등), 제215조(자격모용에 의한 유가증권의 작성), 제216조(허위유가증권의 작성등), 제217조(위조유가증권의 행사 등)의 죄, 제223조(제214조 내지 제217조의 미수범에 한함) 및 제224조(제214조 및 제215조의 예비음모에 한함) 　마. 제2편제20장 문서에 관한 죄 중 제225조(공문서등의 위조·변조), 제226조(자격모용에 의한 공문서 등의 작성), 제227조(허위공문서 작성등), 제227조의2(공전자기록 위작·변작), 제228조제1항(공정증서원본등의 부실기재), 제229조(제228조제2항 제외), 제231조(사문서등의 위조·변조), 제232조(자격모용에 의한 사문서의 작성), 제232조의2(사전자기록 위작·변작), 제233조(허위진단서등의 작성), 제234조(위조사문서등의 행사) 및 제235조[제225조 내지 제227조의2, 제228조제1항, 제229조(제228조제2항 제외), 제231조 내지 제234조의 미수범에 한함] 　바. 제2편제23장 도박과 복표에 관한 죄 중 제246조제2항(상습도박) 및 제247조(도박개장)의 죄 　사. 제2편제24장 살인의 죄 중 제250조(살인, 존속살해), 제254조(제250조의 미수범에 한함) 및 제255조(제250조의 예비·음모에 한함) 　아. 제2편제34장 신용, 업무와 경매에 관한 죄 중 제314조(업무방해) 및 제315조(경매, 입찰의 방해) 　자. 제2편제37장 권리행사를 방해하는 죄 중 제323조(권리행사방해), 제324조(강요), 제324조의2(인질강요), 제324조의3(인질상해·치상), 제324조의4(인질살해·치사), 제324조의5(미수범), 제325조(점유강취, 준점유강취) 및 제326조(중권리행사방해) 　차. 제2편제38장 절도와 강도의 죄 중 제329조(절도), 제330조(야간주거침입절도), 제331조(특수절도), 제333조(강도), 제334조(특수강도), 제335조(준강도), 제336조(인질강도), 제337조(강도상해, 치상), 제338조(강도살인, 치사), 제339조(강도강간), 제340조(해상강도), 제342조(제331조의2, 제332조 및 제341조의 미수범은 제외) 및 제343조(예비, 음모) 　카. 제2편제39장 사기와 공갈의 죄 중 제350조(공갈), 제352조(제350조의 미수범에 한함) 　타. 제2편제39장 사기와 공갈의 죄 및 동편 제40장 횡령과 배임의 죄 중 제347조(사기), 제351조(제347조의 상습범에 한함), 제355조(횡령, 배임) 또는 제356조(업무상 횡령·배임) [그 가액이 3억원 이상 5억원 미만인 경우에 한함] 　파. 제2편제40장 횡령과 배임의 죄 중 제355조의 죄(횡령, 배임) [회계관계직원등의책임에관한법률 제2조제1호, 제2호 또는 제4호(회계사무 보조자)의 자가 인식하고 국고 또는 지방자치단체에 손실을 미치는 죄를 범한 경우] 　하. 제2편제41장 장물에 관한 죄 중 제362조(장물의 취득, 알선등)

범죄은닉수익규제법상 중대범죄(제2조제1호)
2. **경륜·경정법** 제26조, 제27조, 제29조 및 제30조의 죄
3. **관세법** 제269조(밀수출입죄) 및 제271조제2항(제269조의 미수범에 한한다)의 죄
4. 「**대외무역법**」 제53조제2항제9호의 죄(무역이용 재산도피)
5. **변호사법** 제111조의 죄
6. **부정수표단속법** 제5조의 죄
7. **사행행위등규제및처벌특례법** 제30조제1항의 죄
8. **상법** 제622조 및 제624조(제622조의 미수범에 한함)의 죄
9. **상표법** 제93조의 죄, 저작권법 제136조 제1항
10. 「**자본시장과 금융투자업에 관한 법률**」 제443조 및 제445조제42호의 죄
11. **아동복지법** 제40조제1호 및 제42조의 죄
12. **여신전문금융업법** 제70조제1항, 제2항제3호 및 제5항의 죄
13. **성매매알선등행위의처벌에관한법률** 제18조, 제19조제2항(성매매알선등행위중 성매매에 제공되는 사실을 알면서 자금, 토지 또는 건물을 제공하는 행위를 제외), 제22조 및 제23조(제18조, 제19조의 미수범에 한함)의 죄
14. 「**게임산업진흥에 관한 법률**」 제44조제1항의 죄
15. **정치자금에관한법률** 제45조조제1항 및 제2항의 죄
16. (삭제)
17. **직업안정법** 제46조 및 제47조제1호의 죄
18. **총포·도검·화약류등단속법** 제70조의 죄
19. **특정경제범죄가중처벌등에관한법률** 제3조(사기공갈횡령죄) 제5조(금융직원수뢰) 및 제7조(금융알선수재)의 죄
20. **특정범죄가중처벌등에관한법률** 제2조(뇌물), 제3조(알선수재), 제5조(회계직원국고손실), 제5조의2(약취유인), 제5조의4(상습강절도), 제6조(관세법위반행위의 가중처벌), 제8조(조세포탈의 가중처벌, 조세범처벌법 제9조제1항에 규정된 죄 중 조세를 환급받는 경우에 한함) 및 제10조(통화위조)의 죄
21. **채무자회생 및 파산에 관한 법률** 제650조 및 제654조의 죄
22. **폭력행위등처벌에관한법률** 제2조 내지 제4조, 제5조제1항 및 제6조[제2조, 제3조, 제4조제2항(형법 제136조, 제255조, 제314조, 제315조, 제335조, 제337조 후단, 제340조제2항 후단 및 제343조의 죄를 제외) 및 제5조제1항의 미수범에 한함]의 죄

범죄은닉수익규제법상 중대범죄(제2조제1호)
23. **한국마사회법** 제50조, 제51조, 제53조, 제54조, 제58조 및 제60조의 죄
24-1. 「**식품위생법**」 제74조의2 [단, 제8조(제69조에서 준용한 경우를 포함) 및 제22조제1항의 규정 위반을 제외]
24-2. 「**건강기능식품에 관한 법률**」 제43조(제23조 위반의 경우에 한함) 및
24-3. 「**보건범죄단속에 관한 특별조치법**」 제2조제1항(「식품위생법」제6조 위반의 경우에 한함)의 죄

범죄은닉수익규제법상 범죄수익 관련 대상범죄(제2조제2호)
1. **성매매알선등행위의처벌에관한법률** 제19조제2항제1호(자금, 토지 또는 건물을 제공하는 행위)
2. **폭력행위등처벌에관한법률** 제5조제2항, 제6조(제5조제2항의 미수범)
3. **국제상거래에있어서외국공무원에대한뇌물방지법** 제3조제1항
4. **특정경제범죄가중처벌등에관한법률** 제4조(국외 재산도피)
5. **국제형사재판소관할범죄의처벌등에관한법률** 제8조 내지 제16조의 죄에 관계된 자금 또는 재산

마약류 불법거래방지에 관한 특례법상 대상범죄(제2조제2항)
1. **마약류불법거래방지에관한특례법** 제6조, 제9조, 제10조
2. **마약류관리에관한법률** 제58조 내지 제61조

첨부 2. 특정금융거래정보 제공요구서 양식

<특정금융거래정보 제공요구서>

정보제공 요구기관	경찰청장(반드시 경찰청장 명의)
담 당 자	○○경찰서 수사과 경사 홍길동 (010-0000-0000)
대상자의 인적사항	○○○ 등 ○명 (붙임 "요구대상자 명단"과 같음)-엑셀파일로 별첨할 것을 추천
사용 목적	○ 서울 **경찰서 내사번호[000000]호 관련,-내사번호등 필히 기재 ○ 대상자 ○○○은 '(주)○○'의 대표이사로, ○ 비자금을 조성하기 위해 회사 임원들의 급여와 성과급 등을 과다책정하여 지급한 다음 이를 되돌려 받는 방법으로 ○○년부터 수십억원 상당의 법인 자금을 횡령한 것으로, ○ 대상자 ○○○ 및 그 가족들의 혐의거래, 고액거래 등을 확인하여 관련 혐의를 입증하기 위함-혐의 사실은 수사 보안과의 균형을 고려하여 구체적으로 작성 • 죄 명 : 특정경제범죄가중처벌등에관한법률위반(횡령)-필히 기재 • 요구기간 : '별지' 참조
요구하는 정보의 내 용	○금융정보분석원이 보관하고 있는 대상자들에 대한 혐의거래 보고 등 금융거래정보 내용 일체 ○대상자들에 대한 혐의거래(STR)여부 및 그 보고를 심사·분석하여 정리한 자료 ○대상자들에 대한 고액거래(CTR)여부 및 그 보고를 심사·분석하여 정리한 자료 ○대상자들에 대한 외환 거래 자료

⇨ 대상자가 다수인 경우 이를 '엑셀'로 정리(성명,주민번호)하여 첨부
⇨ 요구하는 정보의 내용에 기재될 사항은 정형화 되어 있으므로 위 작성예시를 그대로 사용하는 것이 좋음.

> **질문있습니다!**
>
> Q : 금융기관내 설치된 CCTV 또는 ATM기의 영상자료를 확인하고자 할 때 반드시 영장이 필요한가요?
> A : 금융기관내 설치된 CCTV 또는 ATM기의 영상자료는 '금융자산'과 관계없는 것으로서 범죄예방 등 보안목적을 위해 설치된 것에 불과하여 금융거래정보에 해당이 되지 않습니다.
> ※ 금융실명거래해설집(52쪽)에서도 "수사기관의 장 또는 검사가 문서에 의하여 범죄수사를 위한 CCTV 화면의 재생을 요구 하는 경우는 명의인의 요구나 동의없이 제공가능"하도록 규정되어 있음
>
> 다만, 2011. 10. 30. 제정된 개인정보보호법에 따라, 일부 금융기관에서는 영장을 요구하는 경우가 있으나, 최근 행정안전부에서는 경찰의 보이스피싱범죄 수사를 위하여 금융기관에 CCTV를 요청하였으나 해당 금융기관이 이를 거부한 사안에 대하여 '법적근거와 목적 등을 구체적으로 명시한 경우 최소한의 범위내에서 자료제공을 요청하면 금융기관에서도 영상자료를 제공가능하다'라고 유권해석을 한 바 있으므로,
> ※ '11. 12. 15. 행정안전부 개인정보보호과-4451 "보이스피싱 수사를 위한 CCTV자료 요청 관련 법령 해석"
>
> 경찰에서 CCTV 등 영상자료 확인이 필요한 경우 개인정보보호법 제18조에서 허용하는 개인정보의 이용가능 범위에 해당함을 명시(예, 제3자의 급박한 재산의 이익을 위해 필요함)한 후 금융기관에 요청하는 자세가 필요합니다.
> ※ 실무에서는 CCTV 등 정보제공에 있어서 금융기관과의 갈등을 피하기 위해 계좌영장의 압수할 물건에 'CCTV 등 영상자료'를 함께 병기하기도 하는데, 앞서 설명한 것처럼 CCTV는 금융자산과 관계가 없어 금융거래정보에 해당하지 아니하므로 이를 계좌영장에 의해 압수하는 것은 원칙적인 모습은 아님

개인정보보호법 제18조 (개인정보의 이용·제공 제한)

① 개인정보처리자는 개인정보를 제15조제1항에 따른 범위를 초과하여 이용하거나 제17조제1항 및 제3항에 따른 범위를 초과하여 제3자에게 제공하여서는 아니 된다.

② 제1항에도 불구하고 개인정보처리자는 다음 각 호의 어느 하나에 해당하는 경우에는 정보주체 또는 제3자의 이익을 부당하게 침해할 우려가 있을 때를 제외하고는 개인정보를 목적 외의 용도로 이용하거나 이를 제3자에게 제공할 수 있다. 다만, 제5호부터 제9호까지의 경우는 공공기관의 경우로 한정한다.

1. 정보주체로부터 별도의 동의를 받은 경우
2. 다른 법률에 특별한 규정이 있는 경우
3. 정보주체 또는 그 법정대리인이 의사표시를 할 수 없는 상태에 있거나 주소불명 등으로 사전 동의를 받을 수 없는 경우로서 명백히 정보주체 또는 제3자의 급박한 생명, 신체, 재산의 이익을 위하여 필요하다고 인정되는 경우
4. 통계작성 및 학술연구 등의 목적을 위하여 필요한 경우로서 특정 개인을 알아볼 수 없는 형태로 개인정보를 제공하는 경우
5. 개인정보를 목적 외의 용도로 이용하거나 이를 제3자에게 제공하지 아니하면 다른 법률에서 정하는 소관 업무를 수행할 수 없는 경우로서 보호위원회의 심의·의결을 거친 경우
6. 조약, 그 밖의 국제협정의 이행을 위하여 외국정부 또는 국제기구에 제공하기 위하여 필요한 경우
7. 범죄의 수사와 공소의 제기 및 유지를 위하여 필요한 경우
8. 법원의 재판업무 수행을 위하여 필요한 경우
9. 형 및 감호, 보호처분의 집행을 위하여 필요한 경우

제7장 - 계좌영장 분석요령

> **질문있습니다!**
>
> Q : 계좌영장 집행시 은행에서 '금융거래정보 제공요구서'를 요구하는 경우가 있는데, 반드시 제공해야 하나요?
>
> A : 종전 금융실명법에서 요구하던 아래와 같은 서식의 '금융거래정보 제공요구서'(재정경제부 고시 제2123-10호)는 폐지되었고, 현재의 계좌영장 서식(재정경제부 고시 제2123-14호)으로 변경되었습니다.
>
> | 재정경제부 고시 제2002-10호 | 재정경제부 고시 제2002-14호 |
> |---|---|
> | 금융거래정보의 제공 요구서 | 압수수색검증영장 |
>
> 이에 따라, 종전의 '금융거래정보 제공 요구서'는 폐지된 서식이므로 이를 금융기관에 제공할 필요가 없음에도, 금융기관에서는 금융거래정보를 경찰에게 제공한 내용을 관리할 목적으로 요구자의 연락처, 제공정보 등을 관리하기 위해 요청하는 경우가 있습니다.
>
> 특히, 실무적으로 1건의 계좌영장으로 수회 집행하는 경우, 계좌영장을 접수받은 금융기관에서는 구체적으로 어떠한 내용의 자료를 요구하는지 알지 못하기 때문에 요구하는 자료를 구체적으로 명시할 필요가 있어 위 요구서 서식을 사용하거나 아니면 별도의 서식을 이용하는 경우가 있습니다. 차후 경찰청과 금융기관이 협의하여 금융거래정보 제공 요구서를 대체할 계획이며 그 전까지는 붙임과 같은 서식을 이용하시기를 권장합니다.

금융계좌추적용 압수·수색영장 집행관련
요청자료[영장번호 : 제12345호]

수 신
발 신   ○○지방경찰청 수사과 경제범죄특별수사대 경위 ○○○

☐ 요청내용 :

요청(집행)일 : 200 . . (요일)

신분증 사본

바쁘신 와중에도 경찰수사에 적극 협조해 주셔서 진심으로 감사드립니다. 회신은 아래 e-mail로 부탁드립니다.

우편번호 110-798
서울 종로구 ○○동길 20 ○○지방경찰청 수사과
연 락 처 : 010-1234-5678, 02)123-4567
사 무 실 :
팩w 스 : 02)2123-0987
e-mail :

질문있습니다!

Q : 광주은행의 경우 통보비용을 달라고 하는데, 이를 지급해야 하나요?

A : 금융기관에서 경찰에 금융거래정보를 제공한 경우, 통보유예기간 종료후에 금융기관은 당사자에게 경찰에 금융거래정보를 제공하였음을 통보하도록 규정하고 있으며, 그 통보비용은 경찰이 부담하도록 되어 있습니다.

> **금융실명법 제4조의2 (거래정보등의 제공사실의 통보)**
> ④ 제1항에 따라 금융회사등이 거래정보등의 제공사실을 명의인에게 통보하는 경우에 드는 비용은 대통령령으로 정하는 바에 따라 제4조제1항에 따라 거래정보등의 제공을 요구하는 자가 부담한다.

이에 따라, 2005. 10. 25. 경찰청은 시중 18개 은행과 업무협약을 맺고 경찰이 부담해야 할 통보비용을 1년에 2회 일괄지급하고 있습니다. 다만, 협약을 맺지 않은 광주은행 등 일부 은행과 증권회사 등은 포함되어 있지 아니하므로 경찰청과 협약을 맺지 않은 금융기관이 거래정보 제공에 따른 통보비용을 요구하는 경우 이를 수사비로 지급해야만 합니다.

제7장 - 계좌영장 분석요령

> **질문있습니다 !**
>
> Q : 신협, 새마을금고는 신협중앙회, 새마을금고중앙회에서 계좌영장을 집행해주지 않는 이유가 무엇인가요?
>
> A : 신협중앙회, 새마을금고연합회는 각 지역별 신협, 새마을금고와는 별도의 독립된 법인체로 각 지역 신협, 새마을금고의 거래정보 등을 보유하고 있는 금융기관의 본점 또는 관리부서로 보기 어렵다고 합니다.(재정경제부 유권해석 2007. 10. 12. 은행제도과-957)
>
>   물론, 신협중앙회, 새마을금고연합회에서 각 지역 신협, 새마을금고에서 보유하고 있는 거래정보 등을 전산적으로 공유하고는 있지만 위와 같은 유권해석을 근거로 계좌영장의 압수영장 집행장소를 신협중앙회, 새마을금고연합회로 특정하여도 자료제공을 거부하고 있습니다. 이에 따라, 특정인 명의로 개설된 신협 또는 새마을금고에 개설된 계좌를 추적하기 위하여는 그 특정인 연고지(주거지, 사무실 등) 주변의 신협과 새마을금고를 일일이 특정하여 이를 압수·수색할 장소에 포함시키고 해당 신협과 새마을금고에 개별적으로 영장을 집행할 수 밖에 없습니다.

> **질문있습니다 !**
>
> Q : 계좌영장의 유효기간이 도과된 경우에도 영장을 집행할 수 있는가요?
>
> A : 이에 대해서는 상당한 유의를 요합니다. 우선 계좌영장의 유효기간이 도과된 경우에는 당연히 영장의 효력을 상실하고, 계속 자금추적이 필요한 경우 재차 계좌영장을 발부받는 것이 원칙입니다.
>
> 다만, 예외적으로 계좌추적을 하다가 부득이 유효기간이 경과한 경우에도 영장의 효력을 인정해주는 경우가 있는데, 금융실명거래해설집(46쪽 참조)에서는 "영장의 유효기간이 경과한 경우에도 계좌추적 등의 실이 영장의 유효기간 이전부터 연속된다고 관련 문서, 자료 등에 의해 객관적으로 인정되는 경우에는 유효한 것으로 인정할 수 있음"이라고 해석하고 있습니다.
>
> 일부에서는 위 해석을 근거로 무려 1년이나 도과된 계좌영장을 계속하여 집행하는 사례가 있다고도 하는데, 차후 압수한 물건의 증거능력 상실 등 법적 분쟁의 소지가 다분합니다.
>
> 위와 같이 영장의 유효기간이 경과된 경우에도 그 효력을 인정하는 경우는 예컨대, 특정일의 출금자원에 대한 전표를 확인하여 보니 자기앞수표가 발행되었고, 그 자기앞수표를 추적하기 위해 지급제시점에 영장을 집행하는 시점에 유효기간이 경과한 경우 등과 같이 매우 예외적인 경우일 뿐입니다.
>
> 이처럼 출금자원을 추적하는 일련의 과정이 연속된다고 인정되는 경우에만 유효기간이 경과한 경우에도 계좌영장을 집행할 수 있는 것 뿐으로(정확히는 금융기관 측에서 유효기간이 경과하여도 그 효력을 인정해주는 것임), 이러한 예외적인 경우의 적용은 아래와 같은 요건이 필요하다고 하겠습니다.(이러한 요건도 법률적·학술적으로 정립된 것이 아니라 실무적으로 해석하고 있는 것임을 유의할 것)
>
> 우선, 해당 금융기관에 계좌영장이 1회 이상 집행되었을 것, 둘째, 추적하고 있는 거래내역에 대해 계좌영장을 집행하였을 것, 셋째, 추적하고 있는 거래내역에서 파생되는 자료의 추적일 것 등입니다.

- **신현기(申鉉基)**
  - 독일 바이에른주립 뮌헨대학교 사회과학부 철학박사(Dr. phil. 정책학 전공/사회학 및 일본학 부전공)
  - 한세대학교 학생처장, 교무처장, 기획처장, 일반대학원장 및 경찰법무대학원장, 중앙도서관장, 미래지식교육원장, 사회과학부장, 경찰행정학과장, 제34대 전국대학교기획처장협의회 회장 역임
  - (현) 한세대학교 경찰행정학과 교수, 한국자치경찰학회 회장, 한국경찰학회 부회장

- **류은희(柳銀姬)**
  - 한세대학교 일반대학원 경찰학 박사(Ph. D. in Police Science)
  - (현) 한세대학교 미래지식교육원 범죄수사학과 교수
  - (현) 한국자치경찰학회 여성이사, 한국경찰복지연구학회 총무이사
  - (현) 한세대학교 특별사법경찰연구소 이사

■ 자금추적수사론

인   쇄: 2020년 4월 27일
발   행: 2020년 4월 29일
저   자: 신현기, 류은희
발행인: 안병준
발행처: 우공출판사
주   소: 서울 중구 을지로14길 12
전   화: 02-2266-3323
팩   스: 02-2266-3328
등   록: 301-2011-007
등록일: 2011년 1월 12일

값 15,000원
ISBN 979-11-86386-16-3 93350
@우공출판사